トルコ伝統のレース編み

イーネオヤでつくる ちいさな雑貨と アクセサリー

平尾直美

少しずつ集めてきた、ヴィンテージのコレクション。左はオヤスカーフ、右はパラケセ（小銭入れ）で、どちらもイーネオヤで編まれている。

はじめに

　トルコ伝統のレース編み、イーネオヤ。
　トルコ語でiğne(イーネ)は縫い針、oya(オヤ)はレース編みという意味を持ち、オスマン帝国時代よりイスラム教徒の女性がかぶるスカーフの縁飾りとして作られてきました。その繊細で美しい花や文化に根づいたモチーフが、たった1本の縫い針と糸で編まれていると知った時の、驚きと感動は今でも心に刻まれています。また、トルコでは地域によって伝統的な編み方や趣の異なる特色があり、イメージソースは同じでもモチーフが違う形になること、スカーフにつけるモチーフにそれぞれ意味がある面白さなど、イーネオヤの奥深さに惹きつけられました。
　出会って間もない頃は、うまくオヤ結びを作ることができなくて何度もつまずきました。でも、手探りで編み続けてわかったのは、どんなに緻密で複雑に見えるモチーフでも、基本の結び目が連なって編み上がっていること。つまり、基本の結び目ができれば、さまざまな形のイーネオヤを編めるということでした。技法がシンプルだからこそ、トルコの女性がそうしてきたように、作り手の意匠に富んだ多様な表現を生み出せるのだと思います。
　本書では初めての方でもトライしやすいように、基本のテクニックからスタート。そして、古くからイーネオヤが編まれてきた地域に伝わるクラシックモチーフ、それらの編み方をアレンジしたオリジナルのモダンモチーフで、アクセサリーや小物をご紹介します。糸もオヤ専用糸に加えて、身近で親しみのある刺繍糸やレース糸を使った作品も多く取り入れました。
　指先から生まれてくる、豊かなイーネオヤの世界。本書がその魅力に触れるきっかけとなり、多くの方々に編んでいただけますように。

平尾直美

Contents

part 1 **基本のテクニック** ……………………………… 5 *how to make*
糸のこと、針のこと、基本の編み方、縁飾り4種

part 2 **クラシックモチーフ** ……………………………… 25
 イズニック 小花のくるみボタン ……………………… 26 33
       花嫁のオヤのバブーシュ ………………… 28 36
 ブルサ   カーネーションのクッションカバー ……… 30 39
      arrange 壁飾り ………………………………… 31 42
       扇形の花ピアス …………………………… 32 44
 アイドゥン キクのピンブローチ ……………………… 45 53
       3種の花のリース ………………………… 46 55
 オデミシュ マリーゴールドのネックレス …………… 48 64
       カエデの葉のピアス ……………………… 49 67
 ベルガマ エフェオヤのチャーム …………………… 50 68
       ボルオヤのストール ……………………… 52 71

part 3 **モダンモチーフ** ……………………………… 75
 カーネーションのオーナメント ……………………… 76 84
 arrange ヘアゴム …………………………………… 77 86
 シロツメクサのブローチ ……………………………… 78 87
 野イチゴのブローチ …………………………………… 79 90
 ラベンダーのナプキンホルダー ……………………… 80 94
 ジャスミンのコースター ……………………………… 82 96
 arrange ブックマーク＆チャーム ………………… 83 98
 コード編みのネックレス＆ピアス …………………… 100 104
 レースモチーフのブレスレット＆ピアス …………… 101 106
 スカラップ編みのポーチ ……………………………… 102 110
 arrange ピンクッション ………………………… 103 111

Column 1 暮らしのなかで発展を遂げたイーネオヤは、時代とともに希少に ……… 24
Column 2 ブームというアプローチから生まれた、伝統的な手芸の新たな形 ……… 74

＊作り方ページのモチーフ寸法は、おおよその数値で記載しています

part 1

基本のテクニック

イーネオヤを編むことの、最初にして最大の関門は"固く引き締まってほどけない結び目（基本の結び目）"を作ること。コツをつかむまでは少し時間がかかるかもしれませんが、何度もくり返し練習することが大切です。基本の結び目が作れるようになれば、ループや増し目など次のステップにも進みやすくなるでしょう。楽しみながら練習できるように、簡単な編み方のコースターも載せています。

編み始める前に

イーネオヤに必要な糸と針、基本の目とモチーフの編み方を、本書で使われる編み目記号と併せてご紹介します。まずは針の運び方や糸の扱い方などの感覚をつかみ、手が慣れてきたらアクセサリーや小物を作りましょう。基本をマスターすることは、ハンドメイドを楽しみながらきれいに仕上げる近道です。

糸について

イーネオヤに向いているのは細めですべりがよく、切れにくい丈夫な糸。初心者でも扱いやすい化学繊維のオヤ専用糸のほか、レース糸や刺繍糸、手縫い糸なども使えます。適度な張りがある化学繊維の糸はかっちりと、絹や木綿素材は柔らかな仕上がりに。また、太さによってモチーフの大きさも変わるので、イメージや用途に合わせて選びましょう。針に通す糸の長さは、50～70cmほど。糸が途中で足りなくなったときや色を変えたい場合は、新しい糸をついで編み進めます。

ポリエステル糸を中心に、モチーフのイメージに合う素材や太さをセレクト。左から時計回り／40番レース糸、ラメ糸、ポリエステル細糸、ポリエステル中糸、8番刺繍糸

〈5目5段の三角モチーフ、いろいろ〉

糸の種類やオヤ結びの糸の巻き回数を変えると、同じ目数と段数で作っても大きさや印象が変化。＊( )内はオヤ結びの糸の巻き回数

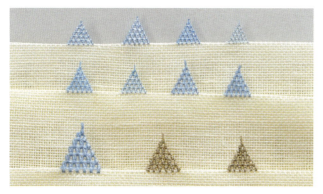

光沢や柔らかな風合いが味わえる、絹と木綿の糸。太い穴糸や6本どりの25番刺繍糸は撚りが甘いものの、目がしっかりと出て大きめのモチーフに仕上がる。25番刺繍糸は3本どりで使うことも。左／絹穴糸　右／佐賀錦中糸(越前屋)　下／25番刺繍糸

上段・左から／ポリエステル中糸(1回巻き)　ポリエステル中糸(2回巻き)　ポリエステル細糸(2回巻き)　佐賀錦細糸(2回巻き)
中段・左から／40番レース糸　絹穴糸(1回巻き)　8番刺繍糸(1回巻き)　25番刺繍糸・3本どり(1回巻き)
下段・左から／25番刺繍糸・6本どり(1回巻き)　30番ラメレース糸(2回巻き)　30番ラメレース糸(1回巻き)

針について

自分の手と指になじむ長さ、糸を針穴に通しやすいものを選びましょう。本書で主に使っているのは、手縫い用の木綿針。なかでもおすすめは長めのくけ針ですが、ビーズを編み込む作品はビーズの穴に通る細さのもの(本書では、つむぎくけ針)を。

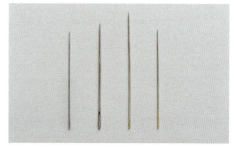

左から／針穴が細長いタイプのトルコの縫い針　フランス刺繍針　長めの木綿くけ針　つむぎくけ針

基本の編み方

*ここでは、平織りの麻布を2つ折りにした折山に編みつけています。

編み図の記号
○ = 糸をつける　　● = 1〜2回巻きのオヤ結び　　⌒ = 1山 = 1目
⊗ = 糸を切る　　⊘ = 複数回巻きのオヤ結び　　----- = 渡り糸

1. オヤ結びをする

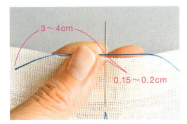

1 針を布端に対して垂直に刺す。糸端を左側に向けて針の上にかけ、糸端を指先で押える。

2 針穴から出ている糸を、2本とも針の右側に引き上げる。

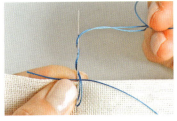

3 引き上げた糸を針の向う側にして、針に1回、または2回巻く。＊編み始めと編み終わりは、必ず2回巻きにする。

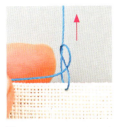

4 針をまっすぐ上に引き、結び目の流れがト音記号のような形になるのを確認しながら、ゆっくりと糸を引く。

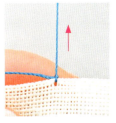

5 目を引き締めたら糸を布に対して垂直に強く引き上げ、小さく固く締まったオヤ結びを作る。

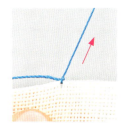

POINT モチーフの右端のオヤ結びではまっすぐに結んだ後、糸を右上に引いてオヤ結びがやや右を向くように癖づけする。

2. 目を作る

オヤ結びの高さ / 編み目の幅
結び目の高さと編み目の幅を揃えると、きれいな山型になる（正三角形のイメージ）。

1 編み始めのオヤ結びの左側に、0.1〜0.15cmあけて針を刺す。糸端は編み目に巻き込むため針の上にかけ、結び目からつながる糸をややたわませてふわりと針にかける。

NG 結び目からつながる糸が編み目の"山"になるので、糸を強く引くとつれた目になる。

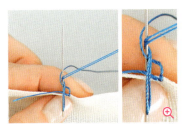

2 針穴から出ている糸を、2本とも針の右側から向う側にして針に1回巻く。

3 針を布端に対して垂直に引き、糸がト音記号のような形になってきたら左に傾けて引く。布を裏で支えている人差し指を編み糸に添えて、"山"の大きさを調整する。

4 糸を強く引いて小さい固い結び目を作り、2つのオヤ結びの間に糸が渡る1目の完成。もう一度糸をまっすぐ上に引いて、結び目の向きを整える。

3. 複数回巻きの
オヤ結びで目を作る

＊針糸を3回巻以上巻いて、オヤ結びを作る。

複数回巻きのオヤ結び
基本のオヤ結び(P.7)

1 針を布に対して垂直に刺し、糸端を左側に向けて針の上にかける。糸端を指先で押さえながら別の針(以下「添え針」)を縫い針の隣に添えて、糸端と一緒に押さえる。

2 針穴から出ている糸を2本とも針の右側に引き上げ、針2本に向う側から手前に数回(ここでは6回)巻く。

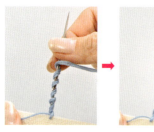

3 針2本をまっすぐ上に引き、途中で添え針を外す。

4 糸がコイル状に巻かれていることを確認しながら、ゆっくりと引く。

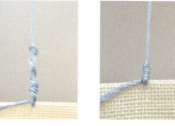

5 目の高さを潰さないように引き締め、糸をまっすぐ引き上げてオヤ結びを作る。

6 5の左隣に1回巻きのオヤ結びをする。布に垂直に針を刺し、結び目の頂点から出ている糸を針にかける。

7 針穴から出ている糸を2本とも針の右側に引き上げ、針2本に向う側から1回巻く。

8 針をまっすぐ上に引き、糸をゆっくりと引く。

9 目を引き締めたら糸を布に対して垂直に引き上げ、固く締まったオヤ結びを作る。

1〜2回巻きの
オヤ結びと組み合わせる

複数回巻きのオヤ結び
基本のオヤ結び

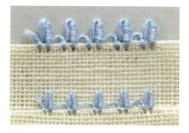

本書の作品では、複数回巻きのオヤ結びで作る目と1〜2回巻きのオヤ結びで作る目(P.7)を交互に編んでいる。上は25番刺繍糸を6本どりで6回巻き、下は3本どりで8回巻き。

布端に編みつけているときの糸替え

＊わかりやすいように、2色の糸を使用。

A. 古い糸を新しい糸に巻き込む

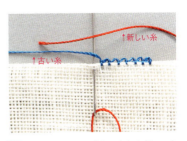

1 編んでいた糸(以下「古い糸」)と新しい糸の糸端を、針にかけて左側に揃える。

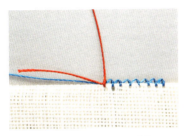

2 針穴から出ている糸を針に2回巻きにして、オヤ結びをする。

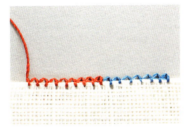

3 古い糸と新しい糸の糸端を巻き込みながら、新しい糸で3〜4目編む。古い糸と新しい糸の糸端をよけて、続けて新しい糸で編み進める。

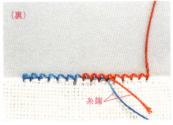

4 作品が編み終わったら、古い糸と新しい糸の糸端を編み目から0.2cmほど残して切る。

B. 古い糸と新しい糸を交差する

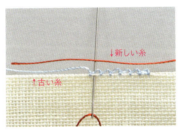

1 編んでいた糸(以下「古い糸」)の糸端を左側に向ける。新しい糸を通した針を最後の結び目の右隣に刺し、糸端を左側に向けて針にかける。

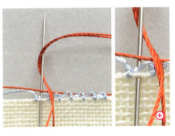

2 新しい糸の針穴から出ている2本を針の右側に引き上げ、針の向う側から手前に1回巻く。

3 針をまっすぐ上に引き、糸を引き締めてオヤ結びを作る。

4 古い糸の糸端を0.2〜0.3cm残して切り、始末する(P.19)。

5 新しい糸の糸端を巻き込みながら、編み進める。

C. 複数回巻きの
オヤ結びの場合

❶ 新しい糸を通した針を、古い糸で編んだ最後の結び目の右隣に針を刺す。

❷ 新しい糸の糸端を左側に向けて針にかけ、針穴から出ている2本を針の右側に引き上げ、針の向う側から手前に1回巻く。

❸ 針をまっすぐ上に引き、糸を引き締めて固い結び目を作る。

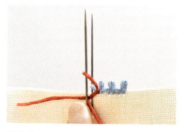

❹ 複数回巻きのオヤ結びをする。別の針(以下「添え針」)を縫い針の隣に添えて、糸を針に右側からかける。

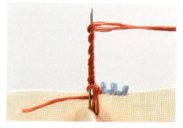

❺ 針穴から出ている糸を2本とも針の右側に引き上げ、針2本に向う側から手前に数回(ここでは6回)巻く。

❻ 針2本をまっすぐ上に引き、途中で添え針を外す。糸がコイル状に巻かれていることを確認しながら、ゆっくりと引く。目の高さを潰さないように引き締め、糸をまっすぐ引き上げてオヤ結びを作る。

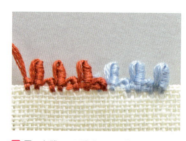

❼ ❻の左隣に1回巻きのオヤ結びをして、編み進める。

4. 三角モチーフを作る（減らし目）

＊ここでは、5目5段で三角を作っています。

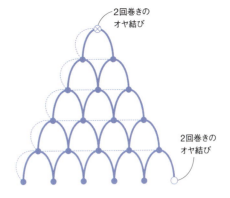

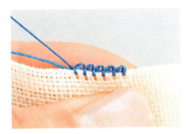

1 1段めを編む。布端に6回オヤ結びをして、5目作る。左端のオヤ結びは、糸を左に引いて左向きに癖づけする（両端のオヤ結びでは、右は右側へ、左は左側へ癖づけすること）。布に乗せた糸端は、3～4目ほど布と一緒に編み込む。

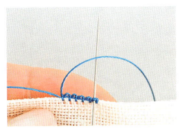

2 2段めを編む。1段めの右端の目に針を入れ、左端の目からつながる糸を右側に渡して（以下「渡り糸」）針にかける。このとき、編んでいる部分の裏は指を添えて支える。

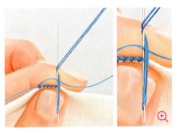

3 針穴から出ている糸を、2本とも針の右側から向う側にして針に1回巻く。針を布端に対して垂直に引く。渡り糸は、下段の上に少しゆとりを持たせて乗せる。短すぎると目が詰まり、長すぎると左端が膨らんでしまう。

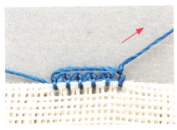

4 糸を強く引いて小さく固い結び目にしたら、やや右に引いて癖づけする。下段の左端には、目と渡り糸の間に適度なすき間ができる。

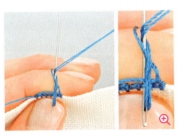

5 1段めの2目めに針を入れ、渡り糸もすくってオヤ結びをする。続けて3目編み、2段めを仕上げる。下段に対し、垂直に糸を引くこと。

6 ②～⑤と同じ要領で、3～5段めを編む。最後に頂点で2回巻きのオヤ結びをして、1段ごとに1目ずつ減る三角モチーフが完成。

7 続けて三角モチーフを編む場合は、1段目左端のすぐ脇の布端に針を刺す。頂点の結び目からつながる糸は左側におろし、針にかける。

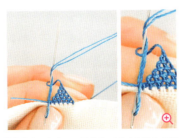

8 針穴から出ている糸を、2本とも針の右側から向う側にして針に1回巻く。

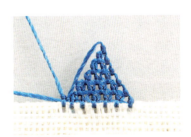

9 下ろした糸が三角形の辺に沿うように、たるまず引き過ぎないように注意してオヤ結びをする。

5. ループを作る

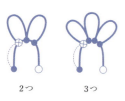

2つ　　3つ

1 1目編む。

2 糸を目の右側に渡し、右端にオヤ結びをする。

3 作りたいループに近い大きさに糸をややたわませて針にかけ、糸を人差し指と中指で押える。

4 針穴から出ている糸を、2本とも**3**の糸の上にかけて針に1回巻く。

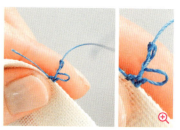

5 針を引き、糸をゆっくりと引く。布を裏で支えている人差し指を編み糸に添えて、ループのたわみ加減を微調整する。

6 ループの大きさを決めたら糸を強く引き締めて、ループが1つ完成。

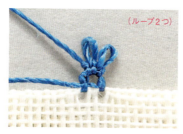

（ループ2つ）

（ループ3つ）

7 デザインにより2つめ、3つめのループは、1つめの左側に**3**〜**6**と同じ要領で作る。

6. 逆三角形モチーフを作る（増し目）

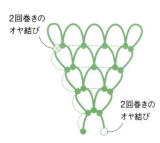

2回巻きのオヤ結び

2回巻きのオヤ結び

1 1段めの1目を編み、2段めとなるループを2つ作る（上記）。増し目の時も両端のオヤ結びは、右端は右側へ、左端は左側へと癖づけする。

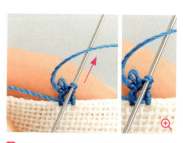

2 3段めを編む。下段の右側の目に針を入れ、糸を針にかけて右側に渡す。

3 針穴から出ている糸を針にかけて、1回巻きのオヤ結びをする。

4 同じ目にもう一度オヤ結びを作り、1目編む（3段め1目め）。下段の左側の目に、オヤ結びを作る（3段め2目め）。その左横に、もう一度オヤ結びを作る（3段め3目め）。

5 ②〜④と同じ要領で、4〜5段めを編む。1段ごとに1目ずつ増える、逆三角モチーフが完成。

7. 葉を編む

＊増し目をしながら5段、ループを編みながら4段減らし目をして葉を作っていきます。

1 1〜5段で増し目をして、逆三角形を編む。6段めから減らし目をする。糸を右端に渡し、下段の右端の目に1回巻きのオヤ結びをする。

2 ループ編み（P.12）で飾り目を1つ編む。

3 続けて三角モチーフと同じ要領で1段ごとに1目減らしながら（P.11）、右端に飾りループを作り9段めまで仕上げる。

4 頂点に飾りループを1目編み、葉のモチーフが完成。最後のオヤ結びは2回巻きにする。

段の区切りで糸替え

＊わかりやすいように、2色の糸を使用。
＊編んでいた糸が抜けないように、目数の多い段で行うとしっかりと押さえられます。

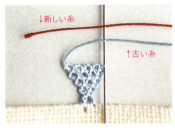

1 下段の右端の目に針を入れる。編んでいた糸（以下「古い糸」）は右側に、新しい糸の糸端は左側に向けて針にかける。

2 古い糸を巻き込みながら、新しい糸で2回巻きのオヤ結びをする。

3 3目ほど編み、新しい糸の糸端を編み目から0.2cmほど残して切る。続けて、新しい糸で必要段数を編む。

4 編み終わったら、古い糸と新しい糸の糸端を編み目から0.2cmほど残して切る。

8. 縁編みをする

＊ここでは、5目5段の三角モチーフ2つに編みつけています。
＊わかりやすいように、2色の糸を使用。

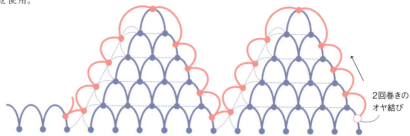

2回巻きのオヤ結び

1 三角モチーフ（P.11）を2つ編み、右側の三角から編みつける。1段めの右端の目に辺と垂直に針を入れ、別糸の糸端を左側に向けて針にかける。

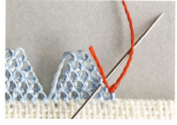

2 編み始めの2回巻きのオヤ結びをする。2段めの右端の目に針を入れて糸端もすくい、1回巻きのオヤ結びをして1目作る。

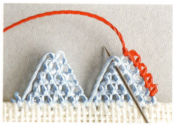

3 同じ要領で3～5段めまで目を作ったら、左側の辺に編みつける。4段めの左端の渡り糸に針を入れ、下ろした糸もすくう。

4 下ろした糸を巻き込みながら、**2**と同じ要領で3～1段めまで目を作る。

5 続けて、隣の三角に縁編みをする。1段めの右端の目に針を入れ、針に糸をかける。

6 1回巻きのオヤ結びをする。

7 右の三角と同じ要領で、左側の辺の1段めまで目を作る。デザインにより続けて縁編みをして、最後は2回巻きのオヤ結びをする。

9. 輪編みの作り目をする

＊わかりやすいように、目をやや大きめに編んでいます。
＊ここでは、5目を作っています。

目数が少ない場合

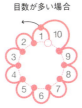

目数が多い場合

POINT
目数が多い場合は、半分まで編んだら糸端を引いて輪をやや小さくし、残りの目を編みながら少しずつ糸端を引いて輪を絞っていく。

1 糸端を15cm以上残し、左手の人差し指に手前から糸を1回巻いて親指で押さえる。

2 巻いた糸の中に、針を入れる。

3 針穴から出ている糸を、2本とも右側から針に2回巻く。

4 輪と糸端を指先で押さえて針を抜き、糸の流れがト音記号のような形になるのを確認しながらゆっくりと糸を引く。

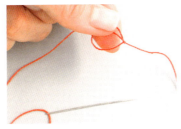

5 糸を強く引いて小さく固いオヤ結びにしたら、輪を指から外す。

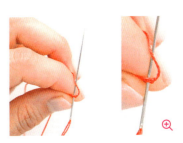

6 輪の結び目の際を指先でしっかりと押さえ、はじめのオヤ結びの左側に針を入れる。

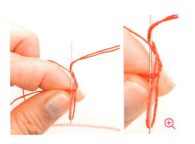

7 1回巻きのオヤ結びをする。

8 1目が完成。

9 2〜7と同じ要領で、4目編む。

10 編み始めの糸端を引き絞る。

11 1目めに針を入れ、オヤ結びをして5目めを作る。

12 5目が完成。

10. 筒編みをする

＊わかりやすいように、目をやや大きめに編んでいます。
＊ここでは、5目を作っています。

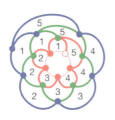

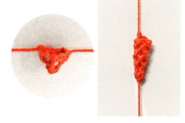

1 輪編みの作り目で5目を編み、1段めを作る（P.15）。2段めは1段めの2目めに針を入れ、オヤ結びをして1目を作る。写真は2段めに入ったところ。2段めを編む時は、1段めの最後（編み図では5）を拾い忘れないように注意。

2 同じ要領で左隣の目を拾いながら、目数の増減なく、らせん状に編み進める。作り目の目数を増やせば、太い筒編みになる。

11. コード編みをする

＊本書では、1目を縦長に連ねて編むことを「コード編み」とする。

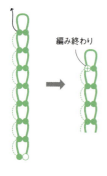
編み終わり

1 糸端を15cm以上残して左手の人差し指に手前から糸を1回巻き、輪編みの作り目で1目編む。コード（ひも）状に長く編む時は、2回巻きのオヤ結びをする。

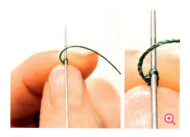

2 ①の目の際を指先でしっかりと押さえ、目に針を入れる。

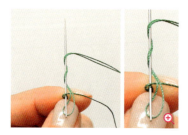

3 針穴から出ている糸を、2本とも右側から針に2回巻く。

4 針を目からまっすぐ引き上げ、糸をゆっくりと引く。

5 糸を強く引き、小さく固い結び目にする。

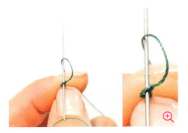
6 同じ目に針を入れて、糸を針にかける。

7 2回巻きのオヤ結びをする。

8 2目が完成。

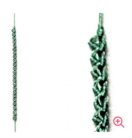
9 ②〜⑦と同じ要領で、必要な目数を編む。

コード編みの糸替え
＊わかりやすいように、2色の糸を使用。

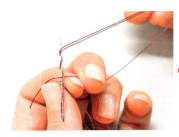
1 下段の目に針を入れる。編んでいた糸（以下「古い糸」）は右側に、新しい糸の糸端は左側に向けて針にかける。

2 目の際を指先でしっかりと押さえ、新しい糸で2回巻きのオヤ結びをする。

3 糸端を巻き込まないように注意しながら、続けて編む。糸替えの糸端は、作品が完成してから始末する（P.19）。

12. 交互のコード編みをする

1 糸端を15cm以上残して左手の人差し指に手前から糸を1回巻き、輪編みの作り目で1目編む。これが1段めになる。

2 ①の目の左側に目を作る。目の際を指先でしっかりと押さえ、目に針を入れる。

3 針穴から出ている糸を2本とも右側に引き上げ、針の向う側から手前に1回巻く。

4 針を目からまっすぐ引き上げ、糸をゆっくりと引く。最後に糸を強く引いて固い結び目を作り、できた目が2段めになる。

5 ④の目の右側に目を作る。④の目に針を入れる。

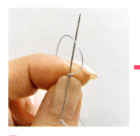   

6 糸を針にかけて、針穴から出ている2本を針の右側に引き上げる。2本を針の向う側から手前に1回巻き、針を引き抜いてゆっくり糸を引く。

7 最後に糸を強く引いて固い結び目を作り、できた目が3段めになる。

8 ②〜⑦と同じ要領で、左右交互に目を作る。

9 必要な目数を編む。

交互のコード編みの糸替え

＊わかりやすいように、2色の糸を使用。

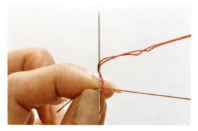 

1 新しい糸を通した針を、下段の目に入れる。編んでいた糸と新しい糸の糸端を針にかけて左側に向ける。目の際を指先でしっかりと押さえ、針糸を針の右側に引き上げて向う側から手前に巻く。

2 糸をゆっくりと引き、最後に糸を強く引いて固い結び目を作る。

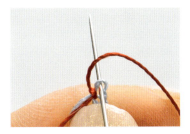  

3 ①と同じ、下段の目に針を入れる。

4 針穴から出ている糸を針に右側に引き上げ、向う側から手前に1回巻く。

5 糸をゆっくりと引き、最後に糸を強く引いて固い結び目を作る。

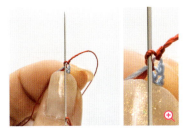 

6 ⑤でできた目に針を入れる。

7 糸端を巻き込まないように注意しながら、続けて編む。糸替えの糸端は、作品が完成してから始末する（下記）。

糸端の始末
〈ポリエステル（ナイロン）糸〉

ポリエステル（ナイロン）糸が、熱を加えると溶けてすぐ固まる性質を利用してほつれを防ぐ方法。

編み終わりの結び目から、糸端を0.2cmほど残して切る。ライターの火を糸端にさっと近づけて瞬時に離し、溶けた糸端を指先で軽く押さえる。作業前にライターの炎の高さを調整して、やけどをしないように注意。火を近づけすぎると、糸が燃えたり溶けすぎたりするので気をつける。

〈木綿糸・絹糸〉

絹や木綿素材の糸は燃えるので上記のライター処理は適さず、切りっぱなしにしておきます。糸のほつれが気になる場合は、市販のほつれ止め液を塗るのがおすすめです。

糸端に液を少量塗り、乾かすと固まってほつれを防止。乾燥後は透明になるので目立たず、作品の風合いを損なわない。
／糸始末リキッド（クロバー）

縁飾りをする

編み方の練習も、楽しめることが一番。ビーズを編み込んだり、ループを花びらに見立てたり。4種類の縁飾りを、手持ちのコースターにあしらってみましょう。

●● ビーズ

縁飾りA

【モチーフの寸法】
縦0.6cm、横0.6cm

【材料】
糸…絹穴糸、丸小ビーズ、布製コースター
＊針…ビーズの穴に通る細めのもの

【編み方】
＊オヤ結び…編み始めと編み終わりは2回巻き、ほかは1回巻き

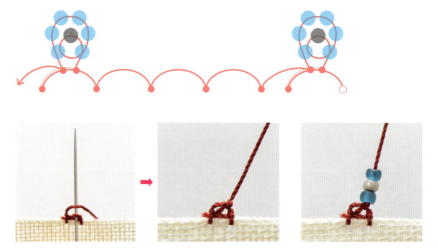

1 1目編み(P.7)、目の右端に糸を渡してオヤ結びをする。

2 糸にビーズを3個通す。

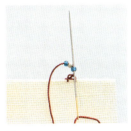

3 最初に通したビーズに、もう一度糸を通して交差させる。

4 ビーズが目に近づくまで糸を引く。

5 糸にビーズを4個通し、2の3個めのビーズにもう一度糸を通す。

6 ビーズが目に近づくまで糸を引き、3個めのビーズの下でオヤ結びをする。

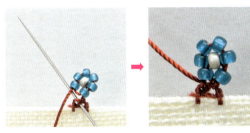

7 目の左側に針を入れてオヤ結びをする。

8 7の左側にオヤ結びをして1目作る。続けて3目編み、モチーフの左側に計4目編む。

9 ビーズの配色を変えながら、1～8をくり返して編み進める。

縁飾りB

【モチーフの寸法】
縦1cm、横1.5cm

【材料】
糸…ポリエステル中糸
布製コースター

【編み方】
＊オヤ結び…編み始めと編み終わりは2回巻き、ほかは1回巻き

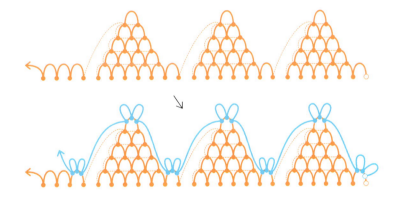

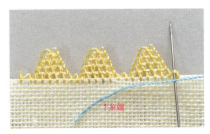
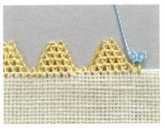
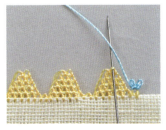

1 1目編み(P.7)、左側に三角モチーフ(P.11)を編む。これをくり返して編み進め、最後は左側に糸を下ろして1目編み、糸端を切って始末する(P.19)。別糸を通した針を1目めに入れ、糸端を左側に向けて針にかける。

2 飾りループを編む。針を入れた1目めに、ループ(P.12)を2目編み入れる。

3 三角モチーフの頂点の目に針を入れて、糸を渡す。

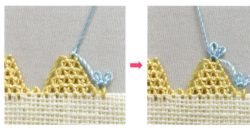 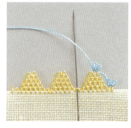 

4 そのまま頂点の目にオヤ結びをして、ループを2目編む。

5 三角モチーフの左隣の目に針を入れて、糸を下ろす。

6 ②〜⑤をくり返して、飾りループを編み進める。

縁飾りC

【モチーフの寸法】 縦1.1cm、横1cm

【材料】 糸…8番刺繍糸、布製コースター

【編み方】 ＊オヤ結び…編み始めと編み終わりは2回巻き、ほかは1回巻き

1 土台の1目を編む（P.7）。

2 ①の右端に糸を渡してオヤ結びをする。

3 ①の目に、ループ（P.12）を2目編む。

4 ①の目の左側に糸を下ろしてオヤ結びする。続けて6目編む。

5 ①〜④をくり返して、土台を編み進める。

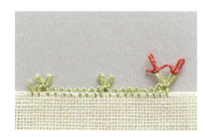  

6 土台の右端から飾りループを編む。別糸で土台のループの頂点にループを1目編み、左隣のループに糸を渡してループを1目編む。③のループ2目を1セットとして、その都度糸端を切って始末する（P.19）。

7 別糸で⑥の渡り糸にループを4目編む。渡り糸ごとに糸端を切って始末しながら編み進める。

8 ⑥、⑦をくり返して編み進める。

縁飾りD

【モチーフの寸法】 縦1cm、横1.4cm

【材料】 糸…40番レース糸、布製コースター

【編み方】 ＊オヤ結び…編み始めと編み終わりは2回巻き、ほかは1回巻き

1 土台の1目を編む（P.7）。

2 1の右端に糸を渡してオヤ結びをする。

3 続けてやや大きいループ（P.12）を1目編む。

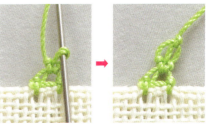

4 ループの頂点に糸を渡してオヤ結びをする。

5 1の目の左側に針を入れ、ループの頂点から糸をやや長め（0.3～0.4cm）に下ろしてオヤ結びをする。

6 5の左隣に、3～5と同じ要領でもう1つ編む。

7 1の目の左側に糸を下ろしてオヤ結びをする。続けて、モチーフの左側に5目編む。

8 1～7をくり返して、土台を編み進める。

9 土台の右端から飾りループを編む。別糸で土台のループの頂点にループを4目編み、左隣の土台ループに糸を渡してオヤ結びをする。

10 続けてループを4目編む。

11 飾りループ計8目（4目×2）を1セットとして編み進め、その都度糸端を切って始末する（P.19）。

Column 1

暮らしのなかで発展を遂げたイーネオヤは、時代とともに希少に

野中幾美

縫い針と糸だけで作るイーネオヤは中央アジア起源とも言われ、ギリシャやブルガリアなど周辺国にも同様のレース編みが存在しています。しかしトルコで開花、発展してきたのには理由があります。イスラムの女性たちが被るスカーフの、切りっぱなしの箇所をかがる目的から装飾する楽しみへ。縁飾りとして取り入れられたことから庶民の間にまたたく間に広まって、多種多様のモチーフやテクニックが生まれたのです。

土地や民族ごとに異なるモチーフや色使い、形態、作り方が、閉鎖された空間で母から娘へと独自の形で継承されてきました。ですから古いものを見れば、どこの地方のいつ頃の年代に作られたかがわかります。元来、素材としてシルク糸が使われたため、その土地に養蚕業や製糸業があった、あるいはシルク糸が手に入る環境だったというのが、イーネオヤが生まれる条件でもありました。そして時代を追うごとに、シルクのほか、コットンや化繊糸のような、そのときどきで手に入る材料で作られてきたのです。主にモチーフとなるのは身近で目にする花や果実、小動物、昆虫。そこに、女性たちの心の声としての意味も加えられています。

トルコにおけるオヤスカーフは、嫁入り持参品の長持ちに入れられるもの。土地によっては100～200枚用意されて、嫁ぎ先の女性たちにも贈られました。その女性たちのもとでオヤスカーフが保管され、さらに作り加えたものとともに、各々の娘の嫁入り持参品として、または息子の割礼儀式に使用されてきました。以前は、娘や息子が生まれる前からオヤスカーフを作り溜めるのが習慣だった地域も、生活環境の変化に伴って娘たちがオヤのついたスカーフを欲しがらず、母親も手間ひまのかかるイーネオヤ作りを徐々にやめていくように。そして地域独特だったモチーフも、女性たちの行動範囲の広がりやインターネットの普及により一般化。伝統としてのイーネオヤは、姿を消しつつあるのです。

のなか いくみ
出版社勤務、フリーライターを経たのち、トルコの古い手工芸に心奪われて1995年よりトルコ・アンタルヤへ移住。トルコ伝統手工芸の店「ミフリ」店主。キリムやオヤをはじめ、さまざまな手工芸の蒐集と研究を重ね、その魅力を日本に伝えるべくメディア執筆や講演も多数。著者に『トルコのちいさなレース編み オヤ』（小社）がある。
http://www.mihri.org/

part 2

クラシックモチーフ

太い糸を使い、平面で大ぶりのオヤを作る地域、イズニック。大小さまざまな平面モチーフが編まれてきたブルサ。清楚で繊細な立体モチーフのオデミシュ。アイドゥンは本物を模したような華麗な花々。ベルガマは遊牧民の力強い色合いと幾何学的な形が面白い"エフェオヤ"、そして細長い筒状に編む"ボルオヤ"。各地域の伝統モチーフの特長を生かして、アクセサリーや雑貨に仕立てています。

＊トルコで複数の名称を持つモチーフは、作品のイメージに合うものを採用しています。

イズニック{İznik}

小花のくるみボタン

ヴィンテージのオヤスカーフからヒントを得た花で、くるみボタンに新しい息吹を。オーバル型はレーステープに、茎のデザインが2パターンあるサークル型はコード編みに編みつけました。

how to make p.33

服や小物に縫い留めるのはもちろん、
ブローチにしてつけ替えを楽しんでも。

イズニック { İznik }

花嫁のオヤのバブーシュ

"五弁の花嫁のオヤ"と呼ばれる、イズニックらしい大きな平面モチーフ。ゆったり広がる花々を縁どるように、アーチでつないで飾り編み。プレーンな一足に、たちまちオリジナリティが。

how to make p.36

A

arrange

ラメ糸＋ビーズ

金銀のラメ糸を単色で使い、飾りループにはビーズをプラスしてシックに。

ブルサ { Bursa }

カーネーションのクッションカバー

トルコでもポピュラーなカーネーションを円形に連ね、クッションカバーに縫いつけて。嫉妬や邪視を避けるために完璧でないことを示すという風習にならい、1輪だけ白い花を。

how to make p.39

arrange

壁飾り

左よりひと回り小さく、土台をテグスとビーズで作ってより手軽に。

how to make p.42

ブルサ { Bursa }

扇形の花ピアス

伸びやかな花が顔回りを明るく映す、ドロップタイプのピアス。すっきりとしたフォルムに、緩やかに下ろした渡り糸が効果を発揮。配色やパーツの選び方次第で、甘口にもさわやかにも。

how to make p.44

B　　　　　　　　　A

イズニック {İznik}

小花のくるみボタン・オーバル p.26

【材料】 ＊1個分
糸…ポリエステル中糸
レーステープ（1cm幅）…5cm
土台布（麻）…7.5×6cm
くるみ金具・ブローチタイプ（5.5×4cm）…1組

【編み方】
＊オヤ結び…すべて2回巻き

1 土台を編む

レーステープの端に6回オヤ結びをして5目編み、三角モチーフの5段目（P.11・頂点）まで編む。続けて、頂点の目の右端に糸を渡してオヤ結びをする。渡り糸は、やや緩めにする。

2 葉を編む

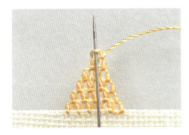  

1 土台の頂点の目の渡り糸をすくう（目の糸はすくわない）。

2 ①の渡り糸にオヤ結びをして、ループを1目編む（1段目）。

3 目数を増減させながら、葉を編む（P.12、13）。

3 茎Aを編む

1 葉の先端から糸を下ろし、葉の1段目の左側にオヤ結びをする。

2 ①の左隣にオヤ結びして1目作る。コード編み（P.16）の要領で8目編む。

4 茎Bを編む　*全体の編み図はP.33参照

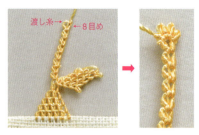

③ 8目めの目の右端に糸を渡してオヤ結びをし、ループを3目編む。

① 茎Aから続けて、茎Aの4目めに糸を下ろしてオヤ結びをする。

② 茎Aの編み方、3-②、③と同じ要領でコード編みを3目編み、ループを3目編む。糸を茎の根もとまで下してオヤ結びをする。

5 茎Cを編む　*全体の編み図はP.33参照

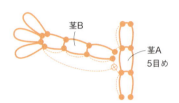

別糸で、茎Aの根もとの左隣、2-①の渡り糸にオヤ結びをして、茎Bと同じ要領で茎Cを編む。

6 花を編む　*全体の編み図はP.33参照

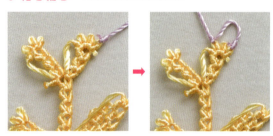
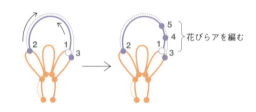

① 別糸で、茎Aの右端のループにオヤ結びをし、左端のループに糸を渡して（長さ約6mm）オヤ結びをする。

② 右端のループ、上図1の目の右隣（上図3）に糸を渡してオヤ結びする。

③ 花びらアを編む。渡り糸を2本ともすくい、上図1の目の左隣（上図4）にオヤ結びをする（1段めの1目め）。

 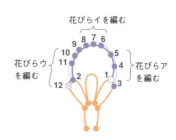

4 ③の左隣にオヤ結びをして1段めの2目めを作り、1段めの右端に糸を渡してオヤ結びをする。

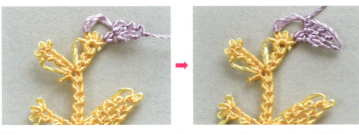 

5 ③と同じ要領で2段めを編む。3段めは1目編んで頂点にオヤ結びをし、1段めの左隣に糸を下ろしてオヤ結びをする。

6 続けて、③〜⑤の要領で花びらイ、ウを編む。

7 葉先に飾り編みをする

7 花びらウの頂点から茎Aの左端のループに糸を下ろし、オヤ結びをしたら花の完成。

8 茎B、茎Cに、①〜⑦と同じ要領で花を編む。

葉の4段めの右端と頂点のループに、それぞれ飾り編みをする。

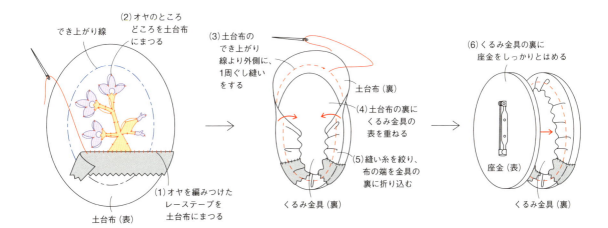

小花のくるみボタン・サークル A、B *p.26*

【モチーフの寸法】 縦3cm、横3.5cm

【材料】＊1個分
糸…ポリエステル中糸
土台布（麻、または綿）…直径6cm
くるみ金具・ボタンタイプ（直径3.8cm）…1組

【編み方】 ＊オヤ結び…すべて2回巻き

1 土台を編む

コード編み（P.16）で5目編み（1段め）、裏返して4目編む（2段め）。続けて、三角モチーフ（P.11）の5段め（頂点）まで編む（下記「バブーシュ」編み方1を参照）。

2 葉、茎、花、葉先の飾りを編む

各編み図、「くるみボタン・オーバル（P.33〜35）」編み方2〜7を参照。

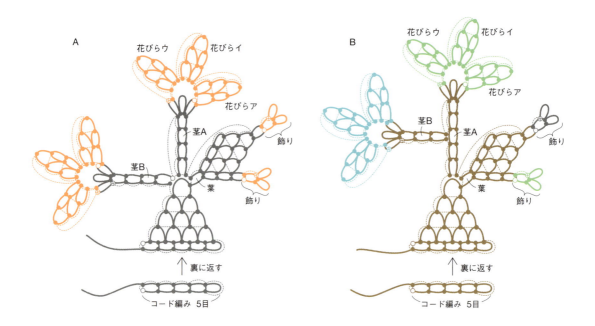

花嫁のオヤのバブーシュ A、B *p.28, p.29*

【モチーフの寸法】 A・B共通 縦5.5cm、横6.5cm

【材料】
A＝糸…25番刺繍糸（6本どり）
B＝糸＝30番レース糸のラメ、丸大ビーズ36個
A・B共通＝バブーシュ（1足）

【編み方】 ＊オヤ結び…A＝すべて1回巻き、B＝すべて2回巻き

1 土台を編む

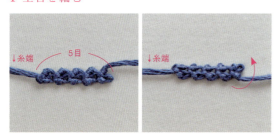

1 コード編み（P.16）で5目編み（1段め）、裏返す。

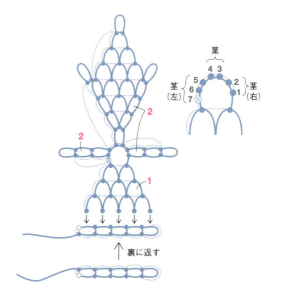

2 2段めを4目編む。

3 三角モチーフ（P.11）の4段めまで編み、5段め（頂点）はやや大きめに1目編む。

2 茎、葉を編む

1 土台から続けて、右の茎を編む。土台の頂点の目の右端に糸を渡し、目と渡り糸を一緒にすくってオヤ結びをする。

2 コード編み（P.16）の要領で3目編み、土台の頂点の目に糸を下ろす。

3 続けて、左隣に葉を編む。ループを1目編み、目数を増減しながら葉を編む（P.12、13）。

4 4段めの左端の渡り糸に糸を下ろし、ループを1目編む。

5 続けて、左の茎を編む。葉の左隣、土台の頂点の目に糸を下ろし、1～2と同じ要領で茎を編む。

3 花を編む

編み図を参照して、★印の目にそれぞれ逆三角形モチーフ（P.12）を編む。

4 花の外側にアーチを編む

1 左端の花びらの最上段、左端の目（編み図1）にオヤ結びをし、花びらの右端の目（編み図2）に糸を渡して（長さ約0.8cm）オヤ結びをする。同じ要領で、編み図3〜10の目にも糸を渡していく。

2 続けて、①の渡り糸1箇所につき7目を編みつけながら、編み図1の目まで戻る。

5 飾り編みをする

3 アーチの編み上がり。

アーチ9箇所の中央の目に飾り編みをする。作り方1〜5と同様に、もう1つ作る。モチーフB（P.29のラメ糸）は、飾り編みのループに丸大ビーズを通しながら編む。

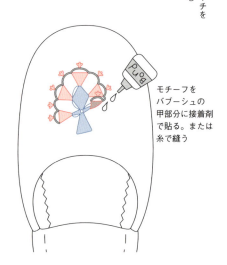

モチーフをバブーシュの甲部分に接着剤で貼る。または糸で縫う

◇◆◇◆◇ ブルサ｛Bursa｝ ◇◆◇◆◇

カーネーションのクッションカバー *p.30*

【モチーフの寸法】
縦19cm、横19cm

【材料】
糸…25番刺繡糸（6本どり）
クッションカバー…39×39cm（中身は30×30cm）

【編み方】
＊オヤ結び…すべて1回巻き

1 土台を輪に編む

1 糸を約150cm切り、糸端から約80cmの位置に輪編みの作り目をする（P.15・①〜⑤）。

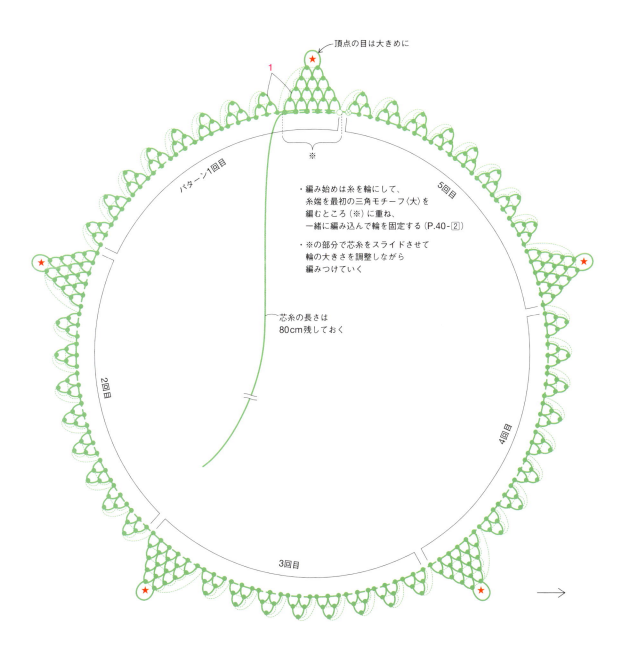

2 糸端側の糸を作り目の下に重ねて、5目5段の三角モチーフ〈大〉（P.11）を編む。頂点の目（編み図★印）は、やや大きめに作る。
＊編みつける糸は「芯糸」とする。輪の大きさは芯糸の右側を引けば広がり、糸端を引けば縮まるので、調節しながら編み進める。

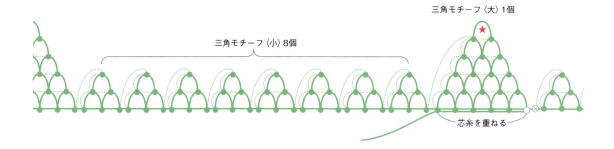

3 糸端側の芯糸を外し（ここから芯糸は1本）、三角モチーフ〈大〉の左側に糸を下ろしてオヤ結びをする。続けて、2目2段の三角モチーフ〈小〉を8個編む。

4 「三角モチーフ〈大〉1個、三角モチーフ〈小〉8個」を1パターンとして、計5回くり返す。編み終わったら、輪のねじれやバランスに気をつけて形を整える。

POINT 糸替えは、「三角モチーフ〈大〉」の2〜3段めで行う。

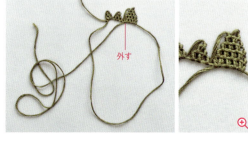

2 右の葉を編む（2〜5は、P.41の編み図参照）

三角モチーフ〈大〉に編みつける。頂点の目（★印）の右端に1目編む（葉の1段め）。5段めの編み方（右図参照）に注意しながら7段めまで編み、頂点にループを1つ作る。

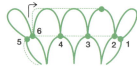

POINT
5段めは**1**〜**5**まで編んだら、**5**の右隣に**6**を編んでループを作る。渡り糸を返す。

3 花軸と花びらを編む

1 花軸を三角モチーフ〈大〉に編みつける。頂点の目（★印）、右の葉の左隣に2目編む（花軸の1段め）。増減なしで4段め、5段めで1目増し目をする。

2 花軸5段めの右端の目に、右の花びら（4段の逆三角形モチーフ・P.12）とフリルを編む。

3 花軸5段めの中心の目に、糸を下ろしてオヤ結びをする。

4 続けて左隣の目にオヤ結びをして、左の花びらとフリルを編む。

4 左の葉を編む

三角モチーフ〈大〉に編みつける。頂点の目（★印）、花軸の左隣に右の葉と同じ要領で葉を編む。

5 葉に飾り編みをする

葉の先端に作ったループ（計6箇所）に、飾りを編む。

6 形を整える

全体が円形になるように形を整えたら、芯糸以外の糸端を始末する（P.19）。

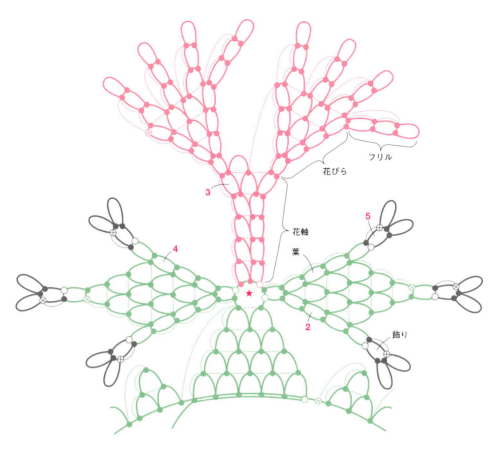

フリル
花びら
花軸
葉
飾り

(2)オヤの外側のところどころを
クッションカバーにまつる

(3)糸端をクッションカバー
の裏に引き込み、
玉止めして切る。
玉止めはほつれ止め液で
始末するとよい

(1)オヤの内側を
クッションカバーにまつる

クッションカバー（表）

arrange 壁飾り p.31

【モチーフの寸法】
縦11cm、横11cm

【材料】
糸…ポリエステル中糸
土台布(麻)…25×25cm程度
グラスビーズ(2色用意。A色=25個、B色=100個)
テグス(2号)、刺繍ワク(内径15cm)

【編み方】
＊オヤ結び…編み始めと編み終わりは2回巻き、ほかは1回巻き
＊土台のビーズはモチーフを編みつける部分＝A色、編みつけない部分＝B色として、モチーフのつけ位置の目安にする

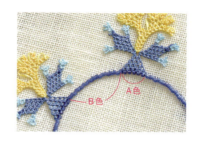

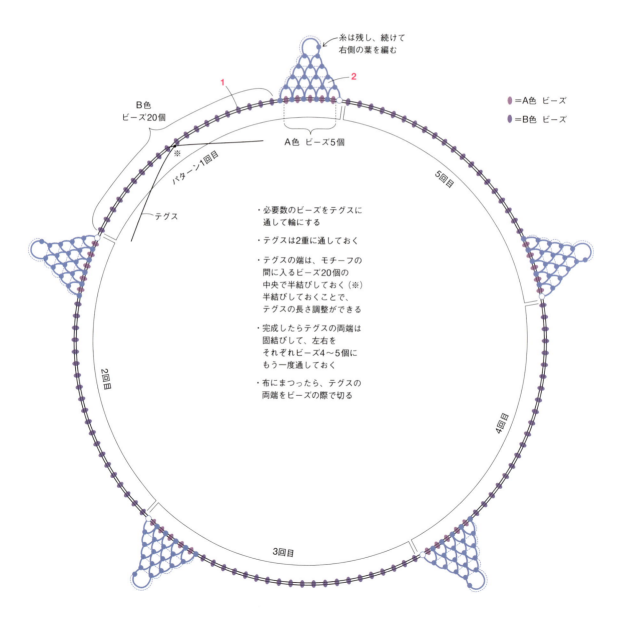

1 土台の輪を作る

テグスをビーズに2重に通して輪にする。ビーズは「A色5個、B色20個」を1パターンとして、計5回くり返す。テグスはビーズB色の中央（10個めのあと）で半結びしておくと、緩みにくく長さの調節ができる。

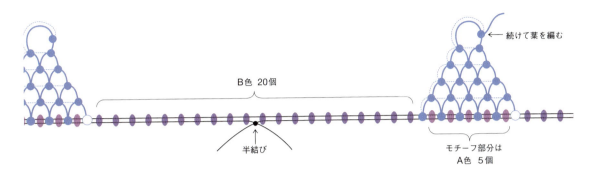

テグスの結び方

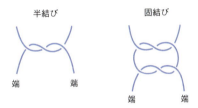

2 モチーフを編む

1. 土台を編む。ビーズA色に通っているテグスをすくい、三角モチーフを編みつける（P.40・編み方1-2）。

2. 葉、花を編む（編み図はP.41）。1の三角モチーフの頂点の目と渡り糸を一緒にすくい、右の葉を編む（P.40・編み方2）。続けて花、左の葉、飾りを編む（P.40・編み方3〜5）。編み終わったら輪のねじれやビーズの間隔などを整えて、テグスを固結びする。テグスの端は結び目の左右のビーズ4〜5個に通しておく。

3 布にまつりつけ、テグスの両端を切る

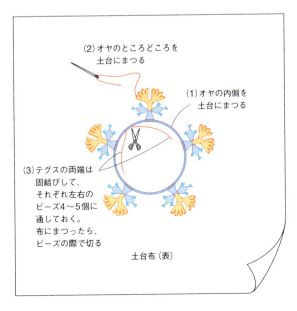

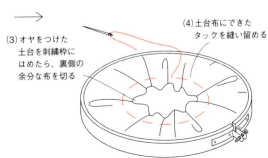

扇形の花ピアス *p.32*

【モチーフの寸法】
縦3.3cm、横4.7cm

【材料】
- A　糸…ポリエステル中糸、丸カン（3mm）…6個
　　コネクター…2個
- B　糸…レース糸40番、丸カン（3mm）…2個
　　天然石ビーズ…4個、9ピン…2本
- A・B共通　ピアスフック…1組
　　　　　　丸カン（6mm）…2個

【編み方】
＊オヤ結び…編み始めと編み終わりは2回巻き、ほかは1回巻き

1 土台を編む

6mmの丸カンに、6回オヤ結びをして5目編む。三角モチーフ（P.11）の4段まで編み、5段めの頂点はやや大きめに1目編む。

2 茎を編む

土台から続けて頂点の目の右端に糸を渡し、オヤ結びをする。その左隣にオヤ結びをして1目作る。コード編み（P.16）の要領で5目編み、土台の頂点の目に糸を下ろしてオヤ結びをすると茎が1本完成。続けて、左側に茎を3本編む。

3 花びらを編む

茎4本の頂点の目に、それぞれ6段の逆三角形モチーフ（P.12）を編む。

4 花びらのフリルを編む

右端の花びらから編み始める。最上段の右端の目にオヤ結びをして、花びら1枚にフリルを3つ編む。続けて左隣の花びらに糸を渡し、最上段の右端の目にオヤ結びをしてフリルを編む。同様に3枚め、4枚めの花びらにもフリルを編む。

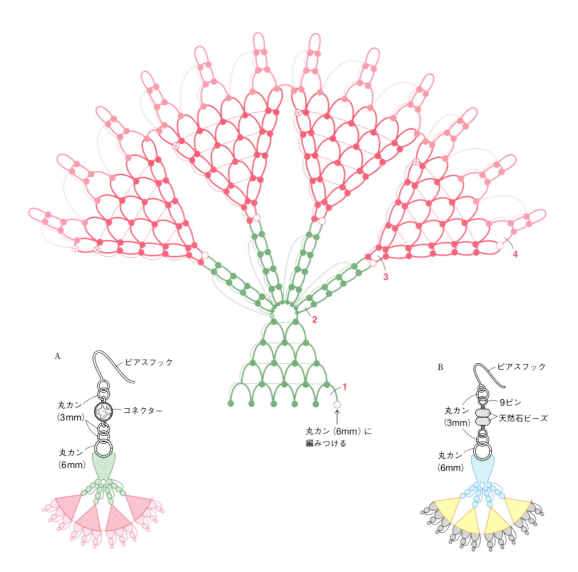

アイドゥン { Aydın }

キクのピンブローチ

ほっそりとした花びらが表現できるのも、イーネオヤならでは。
重ねた大小の花は作り目の数を変えつつ、花びらの編み方
は統一。糸選びで、手軽にサイズチェンジもかないます。

how to make p.53

アイドゥン { Aydın }

3種の花のリース

立体的なキャンディボックスとスイセン、スミレが部屋を彩ります。茎はワイヤー入りでリース土台に差し込みやすく、形をキープ。好きな花を気軽に足せるよう、花以外の編み方は共通に。

how to make p.55

arrange

ラッピング

贈る相手に合わせた花で小さな
ブーケを作り、プレゼントに添えて。

オデミシュ { Ödemiş }

マリーゴールドのネックレス

オデミシュといえば、小ぶりで華奢な花。1輪ずつ作ったら、コード編みのひもにバランスよく留めて。アジャスターの先にも1つあしらい、バックスタイルのアクセントにしました。

how to make p.64

カエデの葉のピアス

耳を優しく飾るスタッドピアスは、繊細な表情と淡いトーンが調和。葉と芯の色合わせが引き立つ気取りのないデザインながら、渡り糸の柔らかな流れがさりげなくニュアンスを。

how to make p.67

ベルガマ { Bergama }

エフェオヤのチャーム

テグスを巻き込みながららせん状に編む、円形のエフェオヤ。花びらを思わせる縁編みとともに、配色の加減によって印象が変化。背面に丸カンをつけたので、ひもやパーツを変えることも。

how to make p.68

arrange

タッセルチャーム

左の革ひもを外してタッセルを合わせるだけで、また違った趣に。

ベルガマ {Bergama}

ボルオヤの
ストール

ベルガマ特有の筒状のオヤ、別名"マカロニオヤ"で作るヒヤシンス。土台は布に編みつけて、別編みの花を留めています。茎を長くすることでフリンジになり、動くたびに軽やかに揺れて。

how to make p.71

アイドゥン {Aydın}

キクのピンブローチA、B p.45

【モチーフの寸法】 ＊ガクを除く
A＝花〈小〉直径2.5cm、花〈大〉直径3cm
B＝花〈小〉直径4cm、花〈大〉直径6cm

【材料】
A＝糸…ポリエステル中糸
B＝糸…25番刺繍糸（6本どり）
A、B共通＝シャワー台ピンブローチ金具
　　　　　（直径1.5cm）…1組

【縫い針以外の用具】
A＝竹串
B＝木製アイススティック（幅約0.5cm）

【編み方】
＊花〈小〉＝三弁花＋四弁花
　花〈大〉＝三弁花＋四弁花＋五弁花
＊花A、B共通。ここでは、Aで説明
＊オヤ結び…A＝編み始めと編み終わり、花びらのコード編みは2回巻き、ほかは1回巻き　B＝すべて1回巻き

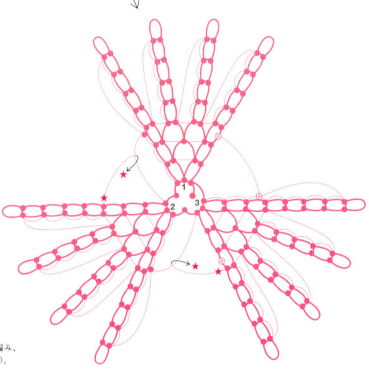

1 三弁花を編む
＊花〈小〉の内側、花〈大〉の内側…各1枚

1 糸端を約15cm残して輪編みの作り目で3目編み、長さ0.3〜0.4cmまで筒編みをする（P.15、16）。

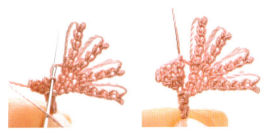

2 続けて、筒の最上段に花びらを編む。編み図★印のオヤ結びは、右隣の花びらから下ろした糸を一緒にすくって結ぶ。

3 編み終わりは、左隣の花びらの3段め右端の目を一緒にすくって結ぶ。＊わかりやすいように、糸の色を変えています。

2 四弁花を編む
＊花〈小〉の外側、花〈大〉の中側…各1枚

1 糸端を約15cm残して輪編みの作り目で4目編み、長さ0.4〜0.5cmまで筒編みをする。

2 続けて1の三弁花と同じ要領で、筒の最上段に4枚の花びらを編む。

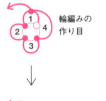

3 五弁花を編む
＊花〈大〉の外側…1枚

1 糸端を約15cm残して輪編みの作り目で5目編み、長さ0.5〜0.6cmまで筒編みをする。

2 続けて1と同じ要領で、筒の最上段に5枚の花びらを編む。

4 ガクを編む

1 花〈小〉のガクを編む。糸端を約20cm残して輪編みの作り目で6目編み、長さ0.5～0.6cmまで筒編みをする。

2 続けて、筒の最上段の目にガク片を編む。左側に下ろす糸の長さは、ガク片の長さに沿う程度にする。

3 花〈大〉のガクを編む。糸端を約20cm残して輪編みの作り目で7目編み、長さ0.6～0.7cmまで筒編みをする。続けて、ガク片を**2**と同じ要領で編む。

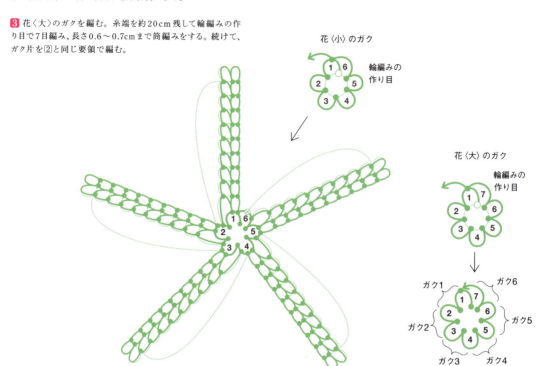

5 花芯を作る

糸端を約20cm残し、糸を竹串(またはアイススティック)に約10回巻いてオヤ結びをする(P.65-3)。編み終わりの糸端は、A、Bそれぞれの素材に合わせた方法で始末する(P.19)。

6 花芯を通しながら、花とガクを重ねる

花芯の編み始めの糸端を花の筒に入れて引き、筒の下端でオヤ結びをする。花〈小〉は三弁花→四弁花→ガク、花〈大〉は三弁花→四弁花→五弁花→ガクの順に重ねる。花、ガクを重ねるごとにオヤ結びで止めて、各花の編み始めの糸端は花芯の糸を通したら約0.2cmに切り、その都度始末をする(P.19)。ガクに花芯を通したら、糸端を切って始末する。

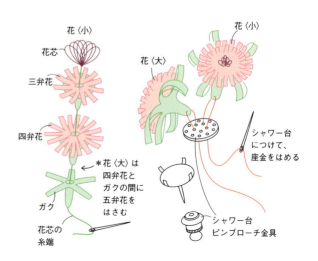

3種の花のリース p.46

〈A キャンディボックスを編む〉

【モチーフの寸法】 直径2.5cm

【材料】
糸…ポリエステル中糸、テグス（2号）
リース土台…直径約15cm

【縫い針以外の用具】
木製アイススティック（幅約0.5cm）

【編み方】
＊オヤ結び…編み始めと編み終わり、縁編みの2周めは2回巻き、ほかは1回巻き

1 花びらを編む

❶ 糸端を約15cm残して輪編みの作り目で4目編み、長さ0.4～0.5cmまで筒編みをする（P.15、16）。

❷ 続けて筒の最上段、編み図1の目にループを1目編み、2の目に糸を渡してオヤ結びをする（花びら1段め）。

A キャンディボックス

茎と葉をリース土台にバランスを取りながら差し込む

リース土台

B スイセン

C スミレ

❸ 目数を増減しながら花びらを編む。最上段まで編んだら、2の目にやや長めに糸を下ろしてオヤ結びをする。

❹ ❷～❸と同じ要領で、残り3枚の花びらを編む。4枚めの花びらは、4の目に糸を下ろしてオヤ結びをする。糸端は切って始末する（P.19）。

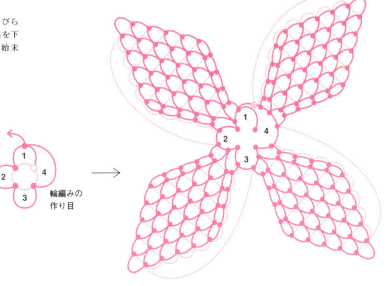

輪編みの作り目

2 1周めの縁編みをする

＊わかりやすいように、糸の色を変えています。

1️⃣ 花びら1枚めの、5段め右端の目から編み始める。花びらの頂点まで編んだら、左側に下ろした糸に10〜11目編む。

2️⃣ 左側に下ろした糸と、花びら5段め左端の目の渡り糸を一緒にすくってオヤ結びをする。

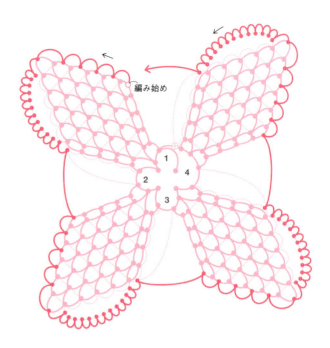

3️⃣ 続けて、左隣の花びら5段め右端の目に針を入れ、すき間があかないように糸を引いてオヤ結びをする。同じ要領で、残り3枚の花びらに縁編みをする。

3 2周めの縁編みをする

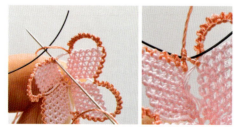

＊わかりやすいように、3️⃣以外は糸とテグスの色を変えています。

1️⃣ 1周めの縁編みから続けて編む。縁編み1周めの最初の目の上にテグスを巻き込みながらオヤ結びする。

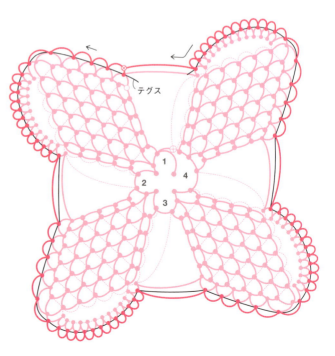

2 1周めの目の上にオヤ結びをしながら編み進め、花びらと花びらの間はすき間があかないように糸を引く。

3 4枚めを編んだら、縁編み2周めの編み始めの目にオヤ結びをする。編み終わりの糸端は切って始末し（P.19）、テグスの両端は結びめの際で切る。

4 花芯を作る

1 糸端を約15cm残し、糸を木製アイススティックに10〜12回（適宜）巻いてオヤ結びをする。

2 巻いた糸の輪の部分を切り、ほぐして綿毛状にする。

5 花に花芯を通す

花に花芯を通したら花の筒の根もとでオヤ結びし、両方の糸端を切って始末する。

〈茎、ガク、葉を編んで花と合わせる〉
＊キャンディボックス、スイセン、スミレ共通

【材料】
糸…ポリエステル中糸
紙巻きワイヤー（28番）、フローラルテープ

【編み方】
＊オヤ結び…編み始めと編み終わりは2回巻き、ほかは1回巻き

茎での糸替え

新しい糸↓
古い糸↓

＊わかりやすいように、糸の色を変えています。
編んでいた糸（以下、古い糸）と新しい糸の糸端を、左側に揃える。古い糸を巻き込みながら新しい糸で2〜3目編んで古い糸を外し、1周編んだら古い糸を切る。

輪編みの作り目

茎を適当な長さまで編み、ループA、Bを作る

続けて、茎を編む

1 茎を編む

ループB↓ ↓ループA

ループの内側に糸を渡して、茎を編み進める。

糸端を約15cm残して、輪編みの作り目で6目編む。途中の適当な位置で葉を編む起点となるループ（編み図A、B）を作りながら、長さ約7cmまで筒編みをする（P.15、16）。

2 ガクを編む

茎から続けて、茎の最上段にガクを編む。左側の目に下ろす糸はガクに沿わせ、長さ(段数)は花の大きさに合わせて編む。計3本のガクを編み、編み始めと編み終わりの糸端は切って始末する(P.19)。

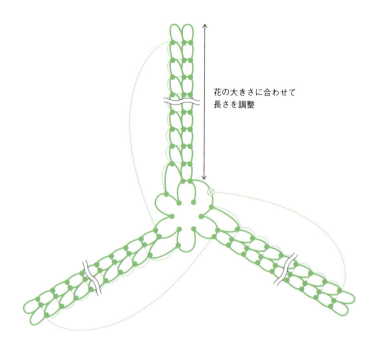

花の大きさに合わせて長さを調整

3 葉を編む

ループB↓ ↓ループA
ループを作ったところで茎を折る
B→ ←A

←葉
茎→

1 茎の途中に作ったループAにループを1つ編み、ループBに糸を渡してオヤ結びをする(葉の1段め)。

2 バランスをみながら適当な長さまで編み、ループBの目の左端に糸を下ろしてオヤ結びをする。糸端は切って始末する(P.19)。

バランスを見て長さを調整

B A

4 花と茎を合わせる

1 花にワイヤーをつける。花の筒編みの下端に紙巻きワイヤーを通し、二つ折りする。通しにくいときは、太めの針で下穴をあける。

2 紙巻きワイヤーに、花の方からフローラルテープを巻く。

3 茎に使った糸を約15cm用意。花の裏側の筒編み最終段辺りに糸を2回巻きのオヤ結びで止めて、短い方の糸端を始末する（P.19）。ワイヤーは茎の長さに合わせて切る（先端が気になる場合はフローラルテープを巻く）。

4 茎にワイヤーを入れ、花のつけ根までしっかりと差し込む。

5 ③の糸を茎の上端から入れて、約1.5cm下に出す。

6 返し縫いの要領で茎の目を1目すくい、2回巻きのオヤ結びをする。結び目の際から茎に針を入れて適当な位置に糸を約0.2cm出し、糸端を切って始末する（P.19）。

7 完成

〈B スイセンを編む〉

【モチーフの寸法】 直径3.3cm

【材料】糸…ポリエステル中糸、テグス（2号）

【編み方】
＊オヤ結び…編み始めと編み終わり、花びら〈小〉の頂点、縁編みは2回巻き。ほかは1回巻き

1 花〈大〉を編む

1 糸端を約15cm残して輪編みの作り目で5目編み、長さ0.5〜0.6cmまで筒編みをする（P.15、16）。

2 続けて筒の最上段、編み図1の目にループを2目編み、目数を増減しながら花びらを編む。

3 ②から続けて、編み図2〜5の目にそれぞれ花びらを編む。

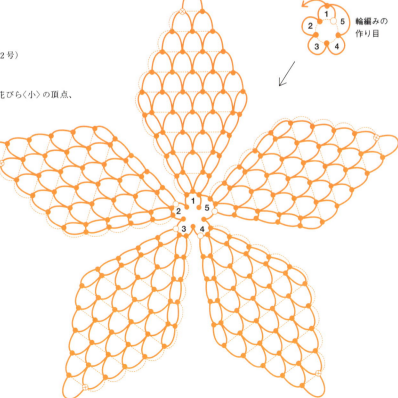

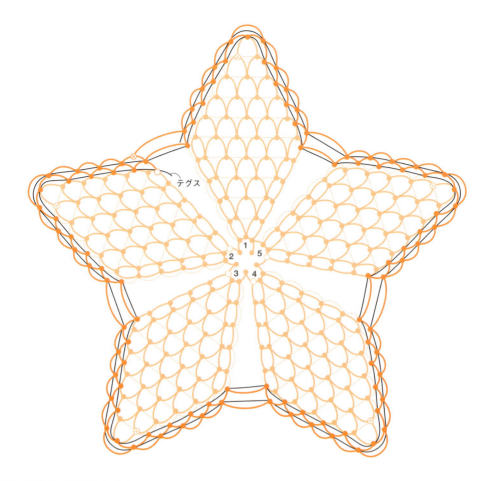

2 花びら〈大〉に縁編みをする

＊わかりやすいように、テグスの色を変えています。

1 花びらのどれか1枚、5段めの右端の目に針を入れ、テグスを巻き込みオヤ結びをする。テグスの端は約3cm残しておく。

2 花びらの編み終わりの糸端をテグスと一緒に巻き込みながら、花びらの外側の目に縁編みをする。花びらの左側は、渡り糸に編んでいく。

3 1周編んだら、続けて2周めを編む。テグスの両端は、オヤ結びの際で切る。

3 花びら〈小〉を編む

1 糸端を約15cm残して輪編みの作り目で3目編み、長さ0.3〜0.4cmまで筒編みをする（P.15、16）。1周めは筒の最上段、編み図1の目にループを2目編み、目数を増減しながら花びらを編む。頂点の目（編み図★印）は、2回巻きのオヤ結びをする。

2 続けて、花びらの根もとに糸を下ろしてオヤ結びをし、2の目に糸を渡してオヤ結びをして4の目を作る（2周めを編みつける目）。

3 続けて、1の目と同じ要領で2、3の目にも花びらを編む。3の目の花びらの頂点から根もとに糸を下ろしてオヤ結びをしたら、左隣にオヤ結びをして6の目を作り、糸を切る。

4 別糸で、6の目から2周めの花びらを編む。1周めと同じ要領で、編み図4、5の目に編む。4〜6の目を編むときは、1周めの花びらを手前に倒して花びらの裏側へ糸を渡す。

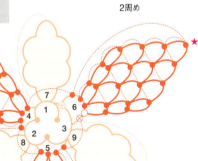

5 別糸で、7の目から3周めの花びらを編む。2周めと同じ要領で、7〜9の目に2周めの花びらの裏側へ糸を渡しながら編む。編み終えたら、それぞれの糸端は切って始末する(P.19)。

3周め

＊1〜6に編んだ花びらは省略している

4 花びら〈大〉に花びら〈小〉を通す

花びら〈大〉に花びら〈小〉を通したら、花びら〈大〉の筒の根もとにオヤ結びをする。糸端は2本とも切って始末する。

5 茎、ガク、葉を編んで花と合わせる

（P.57〜59参照）

〈C スミレを編む〉

【モチーフの寸法】
直径3cm

【材料】
糸…ポリエステル中糸

【縫い針以外の用具】
木製アイススティック（幅約0.5cm）

【編み方】
＊オヤ結び…編み始めと編み終わり、花芯のしべは2回巻き、ほかは1回巻き

1 花びらを編む（編み図はP.63）

1 糸端を約15cm残して輪編みの作り目で5目編み、長さ0.4〜0.5cmまで筒編みをする(P.15、16)。

2 続けて筒の最上段、編み図1の目にループを2つ編み(花びら1段め)、目数を増減しながら花びらを編む。編み終わりの糸端は、約1.5cm残す。

3 別糸で、2〜5の目にそれぞれ花びらを編む。好みで、花びらの色を変える。

輪編みの作り目

2 縁編みをする

1枚めの花びら4段め右端の目から編み始め、花びらの左側は渡り糸に編む。花びらと花びらの間はすき間があかないように糸を引く。編み終わりは、編み始めの目に戻ってオヤ結びをする。

3 刺繍をする

針糸→

1 別糸の糸端を約3cm残して、花びらの根もとの目(筒の最上段)の裏から糸を出す。花びら1枚につき、放射状の刺繍を3本する。

2 花びらの裏でオヤ結びをする。

〈表〉　〈裏〉

3 続けて、花びらの裏に糸を渡しながら、①と同じ要領で残り4枚の花びらにも刺繍をする。好みで、花の色調に合わせて刺繍の糸の色を変えてもよい。

63

4 花芯を作る

糸を木製アイススティックに3回巻いてオヤ結びをする。各ループの先に、2目ずつ編んでしべを作る。

5 花に花芯を通す

花に花芯を通したら、花の筒の根もとでオヤ結びをする。糸端は2本とも切って始末する。

6 茎、ガク、葉を編んで花と合わせる

（P.57～59参照）

❖❖❖ オデミシュ { Ödemiş } ❖❖❖

マリーゴールドのネックレス p.48

【モチーフの寸法】
直径2cm

【材料】
糸…ポリエステル細糸、チェーン（1.2mm幅）…約14cm（好みで調整）を2本、丸カン…3mmを4個、引き輪（6mm）…1個、アジャスター（約5cm）…1本

【縫い針以外の用具】
竹串

【編み方】
＊オヤ結び…すべて2回巻き

1 ひもを編む

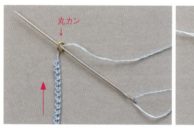

① 編み始めは丸カン1個に直接編みつけて、コード編み（P.16）を約30cm編む。

② 編み終わりはもう1個の丸カンに糸を2回巻きつけて、最後の編み目にオヤ結びをする。

2 花を編む

① 糸端を約15cm残して輪編みの作り目で7目編み、約0.6cmまで筒編みをする（P.15、16）。

② 筒の最上段、編み図1と2の目の上に1目作り（花びら1段め）、目数を増減しながら5段めまで花びらを編む。

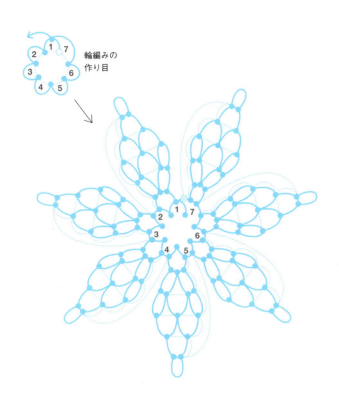

3 5段めの上にループを1つ編み、2の目に糸を下ろす。

4 ②〜③と同じ要領で、2〜7の目に花びらの残り6枚を編む。

3 花芯を作る

1 糸端を約15cm残して竹串に7〜8回巻く。

2 巻いた糸に、右下から針を入れる。

3 オヤ結びをして、巻いた糸を竹串から外す。

4 花に花芯をつける

糸端は約15cm残す

1 花と同色の糸を長さ約25cm用意して、花芯の根もとに結ぶ。花芯の糸端は切って始末する（P.19）。

2 花の筒に花芯を通す。

3 筒の根もとでオヤ結びをし、花の糸端1本を切って始末する(P.19)。花は計11個作る。

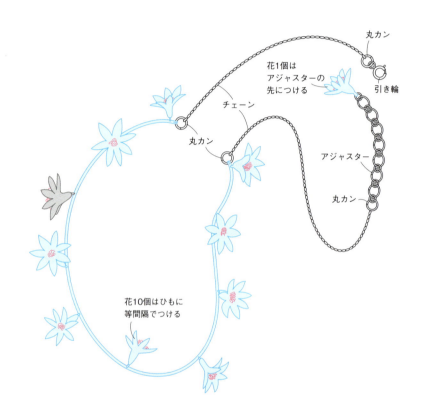

花のつけ方

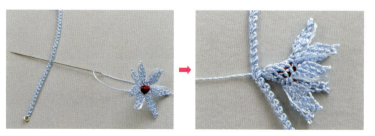

花の糸端をひも(またはアジャスターの先)に通し、オヤ結びをして固定する。ひもにつけた花の糸端を切ってライター処理する際は、ひもを溶かさないよう慎重に行う。

カエデの葉のピアス p.49

【モチーフの寸法】 直径2cm

【材料】
糸…ポリエステル細糸(または佐賀錦細糸)
シャワー台ピアス金具(直径0.8cm)…1組

【編み方】
＊オヤ結び…すべて2回巻き

1 葉を編む

1 糸端を約30cm残して輪編みの作り目で5目編み(P.15)、増減なくもう1段編む。

2 編み図2段めの1の目にループを2目作り(P.12)、増し目(P.12)をしながら5段めまで編む。

3 6段めは3目編んだら、3目めの頂点(編み図★印)にオヤ結びをする。下段4目めに糸をゆるませず下ろしてオヤ結びをし、2目を編んだら根もとの1の目まで糸を下ろしてオヤ結びをする。

4 続けて、2の目に糸を渡してオヤ結びをする。**2**〜**3**と同じ要領で、2〜5の目にも編む。

2 芯を編む

1 糸端を約30cm残して輪編みの作り目で5目編む。

2 編み図1の目にやや長めのループを1目作り、ループの頂点にオヤ結びをする。

3 頂点の目(編み図★)から、やや長めに糸を下ろして2の目にオヤ結びをする。

4 続けて、2の目に糸を渡してオヤ結びをする。**2**〜**3**と同じ要領で、2〜5の目にも編む。

3 葉に芯をつける

1 葉に芯を通す。

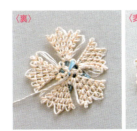

2 葉の裏側で糸端を固結びし、芯の糸端を切って始末する(P.19)。ポリエステル細糸を使った場合は、ライター処理を慎重に行う。

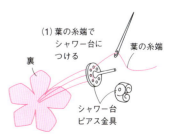

(1) 葉の糸端でシャワー台につける

(2) シャワー台の裏側でオヤ結びをしてから、糸端を切って処理する

ベルガマ { Bergama }

エフェオヤのチャーム p.50

【モチーフの寸法】 直径4cm

【材料】
〈共通〉糸…25番刺繍糸(3本どり)、テグス(3号)、
　　　 丸カン(6mm)…1個
〈チャーム〉好みの革ストラップ、ビーズチャーム、
　　　 丸カン(3mm)を1個、カニカン…1個
〈タッセルチャーム〉…タッセル

【編み方】 ＊オヤ結び…すべて1回巻き

タッセルチャーム p.51

1 円形モチーフを編む

1 糸端を約15cm残して輪編みの作り目で5目編み、0.6〜0.7cmまで筒編みをする(P.15、16)。最上段を円形部分の1段めとする。

2 2段めから、テグスを巻き込みながら編む。テグスの端は3cmほど残し、1段めの編み図1〜5の目に1目ずつ増し目をしながら1周編んで10目にする。

3 3段めは増減なく1周編む。
＊わかりやすいように、テグスの色を変えています。

4 4段め以降は、テグスを調整しながら円形になるように増し目をして編む。直径3〜3.5cm程度で、50目まで増やす。

5 テグスは縁編みの芯にするため、円形部分の外側に1周させて交差する。テグスの両端は、約10cm残して切る。

ここで交差

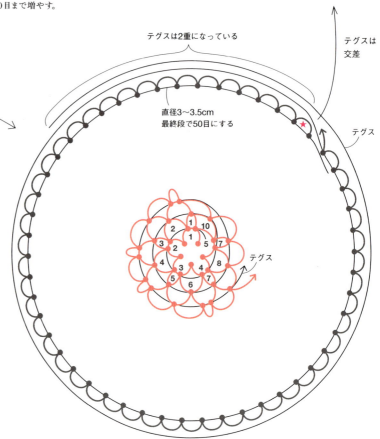

〈円形部分の増し目の目安〉
2段め:1目ごとに1目増(計10目)
3段め:増し目なし
4〜6段め:2〜4目ごとに1目増
7段め〜:円形になるように適宜増し目

＊増し目は等間隔にこだわらず、適宜行う
＊最終段で50目になる

POINT
＊増し目のループは小さめに作り、増し目の上に増し目はしない。
＊1段ずつテグスを調整して、円になるように形を整える。
＊段数にこだわらず、直径3〜3.5cmに作る。

2 縁編みをする

1 円形モチーフから続けて、編み図★印の目から縁編みを始める。糸をすべりにくくするため、テグスと一緒に芯にする糸(以下、芯糸)も巻き込む。

2 テグス2本と芯糸に9〜11目(奇数目)編む。

3 編み図▲印の1つめの目に2目編み、交差したテグスを外す。

4 残りのテグスと芯糸に編みつけながら1周する。糸替えをする場合は▲の目で行う。

5 ★印の目にオヤ結びをし、編み終わりの糸端を切って始末する(P.19)。

6 別糸で★(▲)印と▲印の中心の目10か所に、ループを3つ編みつける。糸端はそれぞれ切って始末する(P.19)。

7 テグスを調整してきれいな円形に整え、テグスの両端を約0.5cm残して切る。

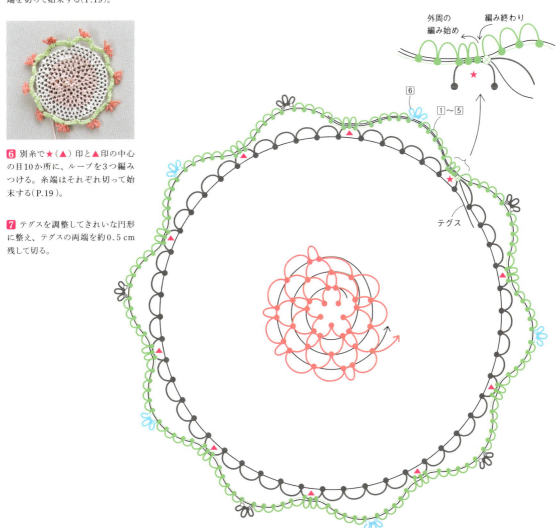

3 芯を作り、円形モチーフにつける

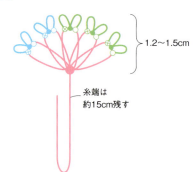

1 芯を花芯（P.64）と同じ要領で作る。

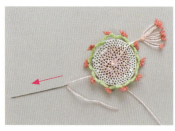

2 円形モチーフに芯を通し、筒の根もとでオヤ結びをする（P.66-3）。糸端は切って始末する（P.19）。

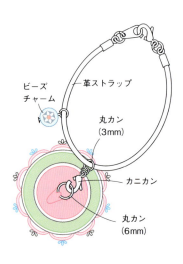
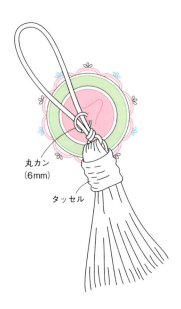

ボルオヤのストール p.52

【モチーフの寸法】
縦4cm、横2cm（ヒヤシンスのみ）

【材料】糸…40番レース糸、ストール…薄地の綿で布端をかがってあるもの（本作品は約36cm幅）

【編み方】
＊オヤ結び…編み始めと編み終わり、花は2回巻き。ほかは1回巻き

1 ストールに土台を編みつける

① ストールの短辺の右端にオヤ結びをして、3目編む。

② 飾りループつきの三角モチーフ（5段）を編む（P.11、13）。ループは2段めから右端の目に編む。頂点の目にループを編んだら、ストールまで糸を下ろして3目編む。

③ ②をくり返してストールの左端まで編み、糸を切る。

④ 三角モチーフの飾りループに、別糸でループを編む。

＊ストールの幅によって、編みつける三角モチーフの数やモチーフ間の目数は適宜調整する。

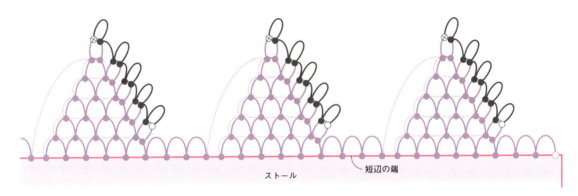

2 茎、ガク、葉を編む

① 糸端を約25cm残し、輪編みの作り目で1目編む（P.15）。

② 交互のコード編み（P.17）で、編み図の茎アを3〜3.5cm編む。

③ ガクを編む。茎の先端の目（編み図★印）に、ループを3目編む（1段めの3目め）。

④ 右端のループにオヤ結びをする（1段めの4目め）。

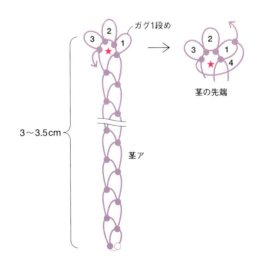

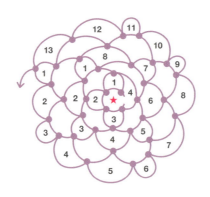

5 ガク2段めは、そのまま4目編む。3段めは2段めの1目に1目増し目をして、計8目にする(3段め:8目)。4段めは、そのまま1段編む(4段め:8目)。5段めは、編み図を参照して13目に増やす。

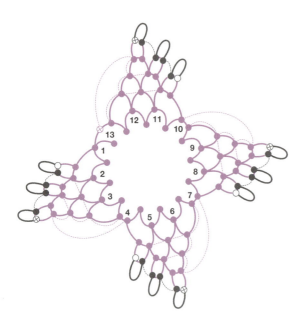

6 続けて、葉を編む。ガク5段めの編み図1～4の目に、葉の1枚めを編む。3段の飾りループつき三角モチーフを編んだら、葉1段め、左端の目(4の目)の左側に糸を下ろす。続けて2枚めの葉を編む。同じ要領で計4枚の葉を編み、糸端を切って始末する(P.19)。

7 茎イを編む。茎ア2段めの左側に茎イを編み、⑥と同じ要領で葉を編む。

3 花房を編む

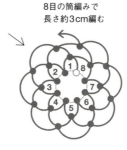

1 ガクの内側の目を拾って8目の筒を編む(直径0.6～0.7cm、2回巻きのオヤ結び)。ガク4段め(2-⑤・増し目なしの8目)を目安にすくって編みつけ、長さ約3cmまで筒状に編む。

2 筒の最上段、編み図1の目にコード編み（P.16）で4段編み、花びらを作る。1の目の根もとに糸を下ろして、オヤ結びをする。

3 続けて、編み図2の目をまたいで3の目にオヤ結びして花びらを編む。

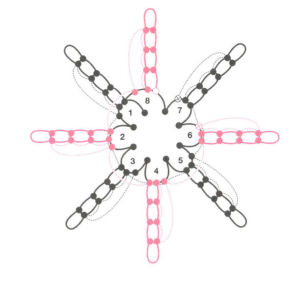

4 ②〜③と同じ要領で5、7の目に花びらを編む。7の目の花びらを編んで糸を下ろしたら、オヤ結びして糸を切る。糸端は始末する（P.19）。

5 別糸で8の目にオヤ結びをして、②と同じ要領で花びらを編む。

6 続けて、筒の内側を通って2の目に糸を渡し、オヤ結びをする。このとき、上をまたいだ糸も一緒に編みつける。

7 ③〜④と同じ要領で4、6の花びらを編み、糸を切って始末する（P.19）。

＊花房の数は、ストールの幅や好みによって適宜調整する。

4 花を土台に編みつける

花房の茎の編み始めの糸端を使って、土台の三角モチーフの間にバランスよくオヤ結びで編みつける。

Column 2

ブームというアプローチから生まれた、伝統的な手芸の新たな形

野中幾美

地方ごとに独特のスタイルを伝承してきたイーネオヤは消え、トルコでもその本来の姿を知る人たちが少なくなってきている現代。ところが最近は、イーネオヤブームでトルコの女性たちが趣味と実益を兼ねてアクセサリー作りをしています。それは、今までのイーネオヤになかったタイプのもの。ナウルハンでの伝統的な花嫁の頭飾りに継承された、立体的なイーネオヤテクニックを用いたアクセサリーの商品化がきっかけでした。各市町村や個人で作り手の組織化が進められ、女性たちが現金収入を得られるようにと試行錯誤がくり返されています。

今やインターネットで、現地の女性が制作した作品をどこにいても見ることができる時代。彼女たちが作るものは、当初は地方伝統の既存のオヤを真似る形でしたが、近年は地域性よりも各自の創意工夫が重視されています。なかには、商品としての完成度が高いものもあり、オヤ作家やデザイナーを名乗る人たちも出現しています。

そして、イーネオヤの定義も変わりつつあります。わかりやすいのが「エフェオヤ」。元来は、アイドゥンやマニサ近辺にいた自警団のエフェと呼ばれる英雄のみが身に着けられる、トルコ帽に巻いた大きなオヤを指していました。ですから「エフェオヤ」と言えば、19世紀後半から20世紀前半に作られた古いものを意味したのですが、近頃はその形のみを取った扇形や円形のオヤをそう呼びます。

また、オヤを作るトルコ人女性たちが元々オヤの作り方を知っていたとか、母親から習ったというわけではありません。村でも、母親から代々伝えられたのだろうと期待してたずねると、返事は「インターネット」や「地元の市民講座」。実は彼女たちも日本のみなさんと同じように、イーネオヤを新規に習っているのです。材料は本来のシルク糸から、ナイロン糸やポリエステル糸、人工シルク糸に変わり、モチーフは地域独特のものより作り手の独創性を持つものへ。モチーフ名も本来の意味ではなく、制作者による命名に変わってきています。他の地域で他の人が作っているデザインを模倣することも可能になり、日本人が作ったオヤがトルコでお手本になっている例も目にします。

トルコで発展して、終焉を迎えたかと思われた伝統のイーネオヤ。今、新しい作り手たちにより、形を変えながらグローバルな手芸として息を吹き返し、新たな時代を迎えようとしているのです。

part 3

モダンモチーフ

フリルを作る、ビーズを編み込む、モチーフをつなぐ、ボーダー模様に編んでみる、etc…。イーネオヤが編み物であることを意識し始めると、いろいろな新しい編み方と形が生まれてきました。そして、同じ形でも糸を変えれば、まったく雰囲気が違ってくることも新鮮な発見になりました。懐深く、柔軟性があるイーネオヤならではの楽しみ方。お気に入りを見つけて、是非トライしてみてください。

カーネーションのオーナメント

縁がフリルになるように、増し目をした花びらがポイントです。
糸の種類と花びらの枚数、色や茎の違いで印象ががらりと
変化。コサージュやピアスなど、使い方の幅が広がります。

上段：A　下段：B（いずれも左から三弁花、五弁花、七弁花）

how to make p.84

arrange

ヘアゴム

三弁花と七弁花を重ねたら、ヘアゴム
が隠れて一層華やかなボリュームに。

how to make p.86

シロツメクサのブローチ

可憐なシロツメクサを、四つ葉のクローバーとセットで作りました。球状に集まって咲く極小の花は、6回巻きのオヤ結びで表現。刺繍糸の風合いが、素朴なイメージを後押し。

how to make p.87

野イチゴのブローチ

愛らしい野イチゴはビーズの色調を吟味して、
未熟さや熟れかけの感じに一粒ずつアレンジ。
花と葉もまとめて丸カンへ、さらにカニカンで
カブトピンにつけてたわわな様子を演出。

how to make p.90

ラベンダーのナプキンホルダー

リアルなモチーフが、上品な華やぎを。8回巻きのオヤ結びを規則正しく並べ、穂のようにつく花に見立てて。ワイヤーを入れた茎でナプキンを巻き、ねじりとめるタイプです。

how to make p.94

arrange

アロマオーナメント

アロマオイルを軽くスプレーして、
安らぎをもたらすインテリアに。

＊アロマオイルにより、糸の退色や色移りが生じることもあるのでご注意ください。

ジャスミンのコースター

モチーフのディテールを極シンプルに。密に編み上げた花の存在感を生かして、色のグラデーションで遊びをプラス。花の編み方を1つ覚えれば、アレンジの幅が広がります。
how to make p.96

arrange
ブックマーク&チャーム
3個の花の向きを縦に横にと変えて、縁編みをしながらつなぎます。
how to make p.98

カーネーションのオーナメント *p.76*

【モチーフの寸法】
A(茎は除く)=〈三弁花〉直径5cm、〈五弁花〉直径5.5cm、〈七弁花〉直径6cm
B=〈三弁花〉直径2.5cm、〈五弁花〉直径3cm、〈七弁花〉直径3.5cm

【材料】
A=糸…25番刺繍糸(6本どり)
　紙巻きワイヤー(26番)…20cm、フローラルテープ…適宜
B=糸…ポリエステル中糸

【編み方】
*オヤ結び…A=すべて1回巻き
　B=編み始めと編み終わりは2回巻き、ほかは1回巻き

1 花の筒を編む

*三弁花
糸端を約15cm残して輪編みの作り目で3目編み、長さ約0.5cmまで筒編みをする(P.15、16)。

*五弁花
糸端を約15cm残して輪編みの作り目で5目編み、長さ約0.5cmまで筒編みをする(P.15、16)。

*七弁花
糸端を約15cm残して輪編みの作り目で5目編み、長さ約0.4cmまで筒編みをする(P.15、16)。編み図を参照して7目に増やす。

三弁花

輪編みの作り目　　筒編みの最上段

五弁花

輪編みの作り目　　筒編みの最上段

七弁花

輪編みの作り目　　筒編みの最上段の1目手前で7目に増やす

2 花びらを編む

*すべての花びら共通

1 筒の最上段の目1目に、ループを2目編む(花びら1段め)。

2 続けて逆三角モチーフ(P.12)と同じ要領で、4段めまで編む。

3 5段め、6段めは、編み図の太線の箇所で増し目をする。増し目の数は、1段ごとに2目になる。

花びら1枚

続けてフリルを編む

← 筒の最上段の目(1目)

4 7段めは6段めの左端の目にオヤ結びをして、糸を渡さず左から右に編む。編み図の太線の箇所で増し目をして、計14目にする。 *わかりやすいように、花びら1枚で解説。7段めは糸の色を変えています。

5 8段めは7段めの右端の目にオヤ結びをして、糸を渡さず右から左へ編む。編み図の太線の箇所で増し目をして、計19目にする。9段めは4と同じ要領で左から右へ編み、計37目にする。裏返して編んでもよい。 *わかりやすいように、9段めは糸の色を変えています。

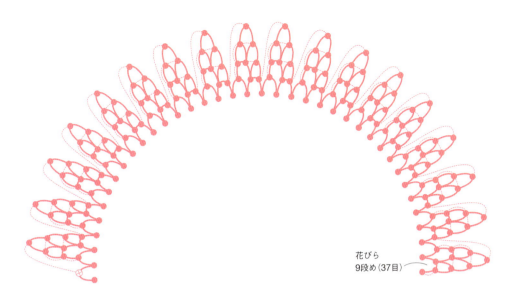

花びら
9段め(37目)

3 花びらにフリルを編む
＊すべての花びら共通

花びら9段めから続けて、編み図を参照してフリルを編む。筒の最上段の目それぞれに、花びらとフリルを編みつける。花びらの編み終わりは、糸端を切って始末する(P.19)。

4 A 茎とガクを編む（刺繍糸）
＊三弁花、五弁花、七弁花 共通

輪編みの
作り目

1. 茎を編む。糸端を約15cm残して、輪編みの作り目で5目編む。長さ7〜8cmまで筒編みをする(P.15、16)。

←ガク
1段め

2. 続けてガクを編む。編み図を参照して10目に増やし、花の大きさに合わせてガクの筒を編む。

3. ガクの筒の最上段にガク片を編み（編み図はP.86ヘアゴム参照）、糸端を切って始末する(P.19)。

B ガクを編む（ポリエステル中糸）
＊三弁花、五弁花、七弁花 共通

1. 糸端を約15cm残して輪編みの作り目で6目編み、花びらの根もとが埋まる長さまで筒編みをする。筒の長さは、花の大きさに合わせて調整する。

2. ガク片を編む。編み図を参照して筒の最上段に編み、糸端を切って始末する(P.19)。

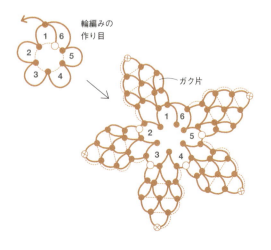

輪編みの
作り目

ガク片

85

5 Aは花と茎、Bは花とガクを合わせる
＊三弁花、五弁花、七弁花共通

A　花の下端にワイヤーをつけて茎に通し(P.58-4)、固定する。花の根もとがガクの根もとに対して細い場合は、フローラルテープを厚めに巻くとよい。糸端を切って始末し(P.19)、花びらの形をふんわりと整える。

B　花をガクの筒に通し、オヤ結びをして固定する。糸端を切って始末し(P.19)、花びらの形をふんわりと整える。

花が重いときは、花びらとガク片を別糸で固定する。＊わかりやすいように、別糸の色を変えています。

arrange　ヘアゴム　p.77

【モチーフの寸法】　直径6cm

【材料】
糸…25番刺繍糸(6本どり)
ヘアゴム(太さ4mm・リングタイプ)…1本
丸カン(6mm)…2個

【編み方】
＊オヤ結び…すべて1回巻き
＊三弁花と七弁花を編んで重ねる

1 花の筒を編む
＊三弁花(P.84-1)
＊七弁花(P.84-1)

2 花びらを編む
(P.84-2)＊すべての花びら共通

3 花びらにフリルを編む
(P.85-3)＊すべての花びら共通

4 ガクを編む
❶ 糸端を約15cm残して、輪編みの作り目で10目編み、花びらの根もとが埋まる長さまで筒編みをする。

❷ 筒の最上段にガク片を編み、糸端を切って始末する(P.19)。

5 花とガクを合わせる
三弁花→七弁花→ガクの順に重ねて、三弁花の糸端で固定する。花が重いので、ガク片の先端も七弁花と別糸で固定する(上記A参照)。糸端を切って始末し(P.19)、花びらの形をふんわりと整える。花の中央が凹んで花びらが立ち上がりにくい場合は、花の中心にほつれ止め液を数滴たらすとよい。

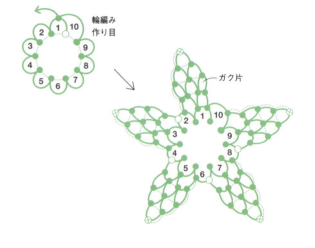

シロツメクサのブローチ p.78

【モチーフの寸法】
縦6cm、横3.5cm

【材料】
糸…25番刺繍糸（6本どり）
ブローチピン（1.6cm）…1個

【編み方】
＊オヤ結び…花目（作り方1-①参照）は6回巻き、ほかは1回巻き

1 花を編む

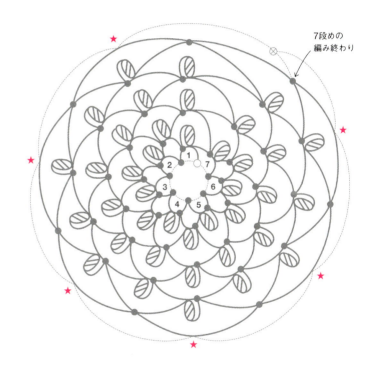

7段めの
編み終わり

1 糸端を約25cm残し、輪編みの作り目で6目編む。編み図の1の目に6回巻きのオヤ結びをして、左隣にオヤ結びをする。これを「花目」とする。
POINT 1の目に6回巻きのオヤ結びをすると、作り目の7目ができる。

2 編み図の2の目に糸を渡し、花目を編む。

3 ①、②の要領で、編み図の7の目まで花目を編む。これを1段とする。

④ 2段めは1段めの花目の内側に糸を渡して左隣の目に針を入れ、花目を編む。

⑤ ④と同じ要領で、花目を作りながら計6段編む。7段めは、花目は作らず1回巻きのオヤ結びで編む。

⑥ 続けて7段めの目の山(編み図★印)に内側から針を入れ、巻きかがりの要領でぐるりとすくう。

⑦ 中に同色の糸を入れ、楊枝や竹串などで押し込んで詰める。

⑧ ⑥の糸を引き絞り、とじる。

⑨ 最上段の目をすくい、オヤ結びする。編み終わりの糸端は、とじた中心から反対側(作り目の中心)まで針を刺して引き抜く。

2 つぼみを編む

輪編みの作り目
編み始め

糸端は25cm残し、輪編みの作り目で6回巻きのオヤ結びを5目、1回巻きのオヤ結びを1目編む。編み終わりの糸端は、切って始末する(P.19)。

3 花につぼみをつける

つぼみの編み始めの糸端を花の上から中央に通し、花の底でオヤ結びをする。花の糸端(2本)と、つぼみの糸端は残しておく(金具つけに使うため)。

4 茎を編む

コード編み（P.16）で約4cm編む。針糸は、葉を続けて編むために残しておく。

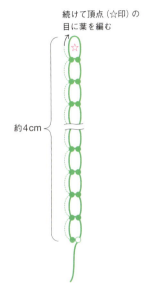

約4cm

続けて頂点（☆印）の目に葉を編む

5 葉を編み、葉脈を刺繍する

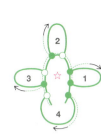

※編み図1～4の目に葉を編む。
1の目に、編み方②、③と進んで葉を1枚編む。2、3、4の順で残りの葉を編む

1 茎の先端の目の右端に糸を渡し、ループを1つ作る（編み図の1の目）。

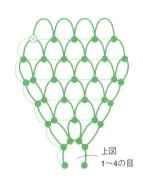

上図 1～4の目

2 編み図を参照し、ループに目数を増減しながら葉を編む（P.12、13）。編み終わりの糸端は約1.5cm残して切る。

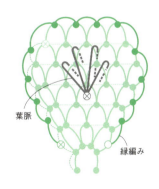

葉脈

縁編み

3 ②の編み終わりの糸端を一緒に編み込みながら葉に縁編みをして、葉脈を25番刺繍糸3本どりで刺繍する。茎の先端のループ（☆印）に、編み図の2、3、4の目を編みつけて葉を計4枚作る。編み始めと編み終わりの糸端は切って始末する（P.19）。

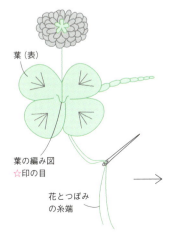

葉（表）
葉（裏）
葉の編み図 ☆印の目
花とつぼみの糸端

→ 花とつぼみの糸端をブローチピンの穴に何回かくぐらせて、葉の裏側にピンを留める。糸端は固結びして切り、始末する

花目の大きさアレンジ

6回巻き　　10回巻き

針糸を巻く回数の違いで、花のボリューム感が変化。好みでアレンジを。

野イチゴのブローチ p.79

【モチーフの寸法】
縦6cm、横3.8cm

【材料】
糸…ポリエステル中糸〈実（小）を除く〉
ポリエステル細糸〈実（小）〉
丸小ビーズ〈実（大）用〉…55個
特小ビーズ〈実（小）用〉…55個
丸カン（6mm）…1個
カニカン…1個
カブトピン（4.2cm）…1個
＊針…ビーズを編み込む際は、ビーズの穴に通る細めの針を使用

【編み方】
＊オヤ結び…編み始めと編み終わり、葉の縁編みの頂点は2回巻き、ほかは1回巻き

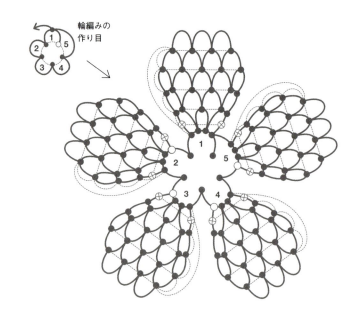

1 花を編む

1 糸端を約20cm残し、輪編みの作り目で5目編む。長さ約0.5cmまで筒編み（P.15、16）をして、最上段の1の目に花びらを編む。

2 続けて花びら1段めの両脇の目をすくい、糸を下ろしてオヤ結びする。

3 別糸で、編み図の2〜5の目にも花びらを編む。編み終わりの糸端は切って始末する（P.19）。①〜③の要領で、花をもう1つ作る。

2 花芯を編む

糸端を約20cm残し、輪編みの作り目で8目編んで長さ0.5〜0.6cmまで筒編みをする。最上段の目（★印）をすくいながら、糸をぐるりと通す。中に同色の糸を詰め、最上段に通した糸を引き絞ってボール状にする。糸端はボールの際でオヤ結びをして、ボールの頂点から反対側（作り目の中心）まで針を刺して引き抜く（P.88）。編み終わりの糸端は切って始末する。同じ要領で、花芯をもう1つ作る。

3 おしべを編む

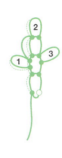

糸端を約20cm残し、輪編みの作り目で高さ0.2～0.25cmのループを10～12目作る。編み始めと編み終わりの糸端は切って始末する。別糸でループの先端に、それぞれ2回巻きのオヤ結びを1目編む。糸端は切って始末する。同じ要領で、おしべをもう1つ作る。

4 花に花芯とおしべをつける

花芯の編み始めの糸端を、おしべと花の中央に通す。花と花芯の糸端は、固結びをして始末する。

5 葉を編む

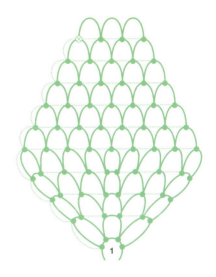

1 糸端を約20cm残し、コード編み（P.16）で2目編む。2目めの右端に糸を渡し、編み図の3、2、1の順で葉の起点となる目を編む。

2 続けて、編み図の1の目に葉を編む。1～4段までは各段2目ずつ増し目、5～10段は各段1目減らし目をする。各段がゆるやかな山形になるように、全段で渡り糸は長めにとること。最上段を編んだら、糸端を約1cm残して切る。

6 葉の縁編みをして、葉脈を刺繍する

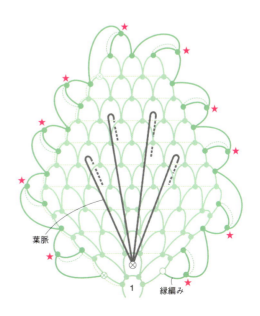

葉の糸端を編み込みながら、縁編みをする。葉の1段めの右端から編み始め、編み図★印の目は2回巻きのオヤ結びをして尖った感じにする。葉脈の刺繍は葉の1段め、中心の目の裏側から糸を放射線状に4本出し、裏側でオヤ結びをしたら糸を切って始末する。編み図の2、3の目にも、5の要領で葉を作る。

7 茎とヘタを編む

1 茎を編む。糸端を約20cm残し、交互のコード編み（P.17）で約3cm編む。長さは好みやバランスにより調整する。

2 ヘタを編む。①から続けて、茎の頂点の目（★印）にループを4目編む。右端のループに糸を渡してオヤ結びをし、ヘタの起点となる5目を作る。

3 続けて増減なく1段編み、編み図の1の目にヘタを編んで頂点に2回巻きのオヤ結びをする。糸端は切って処理する。同じ要領で、残りの2〜5の目にもヘタを編む。

4 茎の途中の左右1箇所ずつに短い茎を編み、頂点の目（★印）にヘタを編む。

8 実を編む

＊実〈大〉はポリエステル中糸・丸小ビーズを使って2個、実〈小〉はポリエステル細糸・特小ビーズを使って1個編む。
＊糸は途中で糸つぎしない方がきれいに仕上がるので、最初に実〈大〉は約150cm、実〈小〉は約120cm用意する。
＊実は、1段ごとに編み込むビーズを分けて準備しておく（1〜5段め＝10個、6段め＝5個）
＊実〈小〉は、5〜6段めに赤いビーズも入れて熟れかけの雰囲気を出す。

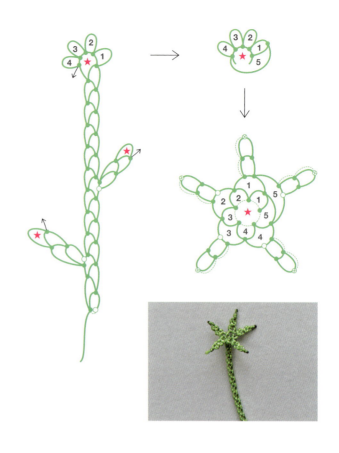

1 糸端を約15cm残し、輪編みの作り目で10目編む。

2 ビーズ1個を針ですくって糸に通し、オヤ結びをする。
＊ビーズの色は、1の目だけわかりやすいように変えています。

＊実〈大〉〈小〉共通
＊①〜⑥はビーズを入れる段数

● ビーズ

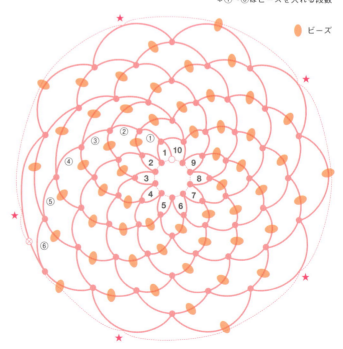

| 1段め 10目めの針の入れ方 | 1段め 編み終わり | 2段め 編み終わり | 5段め 編み終わり |

3 続けて、1目ごとにビーズ1個を通してオヤ結びをする。1段10目にビーズを編み込みながら、5段編む。
＊ビーズの色は、各段の最初の目だけわかりやすいように変えています。

4 6段めはビーズを通す目と通さない目を交互に、計10目編む。

5 最上段にぐるりと糸を通す。ビーズを編み込んだ目はビーズを、ビーズなしの目（編み図★印）は糸をすくう。

6 中に同色の糸を詰め、⑤で通した糸を引き締めてボール状にする。引き締めた糸の際でオヤ結びをして、実の頂点から反対側（作り目の中心）まで通す。糸端は実の際で切って始末する（P.19）。

9 ヘタに実をつける

1 実の頂点（糸を絞った側）に、ヘタと同色の糸でオヤ結びをする。

2 ①の糸をヘタに通してオヤ結びして、糸端を切って処理する。茎の左右のヘタ（P.92-7）には実〈大〉を、先端のヘタには実〈小〉をつける（上図参照）。

ラベンダーのナプキンホルダー *p.80*

【モチーフの寸法】
縦3cm、横1cm（茎を除く）

【材料】
糸…25番刺繍糸（3本どり）、紙巻きワイヤー（28番、または30番）…20cm

【編み方】
＊オヤ結び…花目（編み方2-②参照）以外は、1回巻き

1 茎を編む

糸端を約15cm残して輪編みの作り目で3目編み、長さ約14cmまで筒編みをする（P.15、16）。

輪編みの作り目

2 花穂を編む

1 茎から糸替えをして、茎の最上段に編みつける。1段めは茎の3目のまま、2段めは6目に増やして編み、続けて3、4段めも編む。

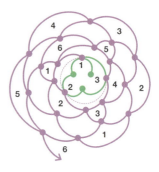

2 編み図1の目に8回巻きのオヤ結びをして、そのすぐ左隣に1回巻きのオヤ結びをする。これを「花目」とする。編み図の2の目に糸を渡して、花目を1つ編む。3〜6の目も、同じ要領で花目を編む。

3 次の段は花目を入れず、1回巻きのオヤ結びで編む。

4 「②で編んだ花目と同じ縦列の目に花目を編む→オヤ結びで編む」を一段ごとにくり返して、花目が計7段になるように編む。

5 続けて、オヤ結びで1段編む。

6 最終段は編み図の▲印の箇所で花目を編み、■印では1回巻きのオヤ結びをする。花目は下段の1目おきに編みつけるため、この段は3つになる。最後は1回巻きのオヤ結びをする。（P.95 編み図「最終段の編み終わり」）

7 続けて、編み図★印の糸をすくって花筒の最上段に糸を通す（P.88-1-⑥）。

最後は1回巻きのオヤ結び

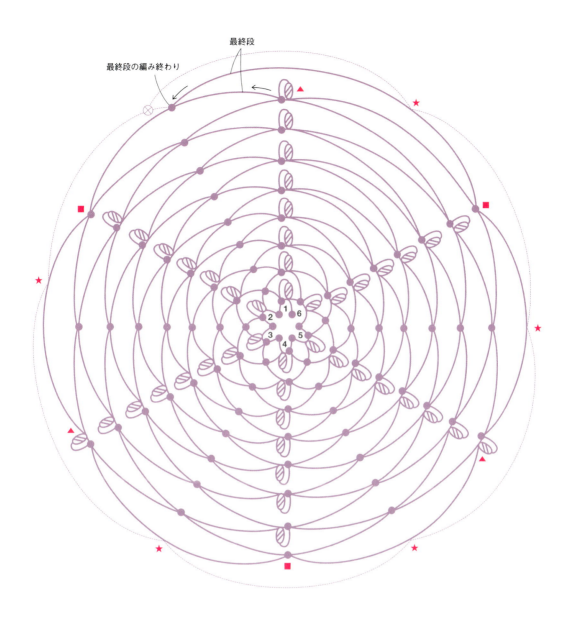

3 茎にワイヤーを入れて、花穂を仕上げる

1 約15cm（茎＋花穂1/2の長さ）の紙巻きワイヤーの先端を、花穂から飛び出ないように少し曲げる。花穂の上部から茎に入れる。茎に入れにくい場合は、竹串で広げておく。

2 花穂の中に同色の糸を入れ、楊枝や竹串などで押し込んで詰める。

3 形を整えたら2-⑦の糸を引き絞り、その糸の際でオヤ結びをする。糸端は花穂の頂点から底まで通して引き抜く（P.88-1-⑧、⑨）。茎の編み始め、花穂の編み終わりの糸端は切って始末する（P.19）。

ジャスミンのコースター *p.82*

〈基本の花の編み方〉

1 花を編む

1 糸端を約15cm残して、輪編みの作り目で12目編む（P.15）。

2 1枚めの花びらを編む。編み図1〜3の目に2目編み（花びら1段め）、目数を増減させながら残り9段を編む。編み終わりの糸端は、約1.5cm残して切る。

3 1枚めの花びらと同じ要領で、残り3枚の花びらを編む。

2 花びらに縁編みをする

花びら1枚め、1段めの右端の目から編み始め、花びらの編み終わりの糸端を巻き込みながら編み進める。花びらの左側は渡し糸に編みつけ、隣の花びらに渡す糸はすき間があかないように引いて詰める。

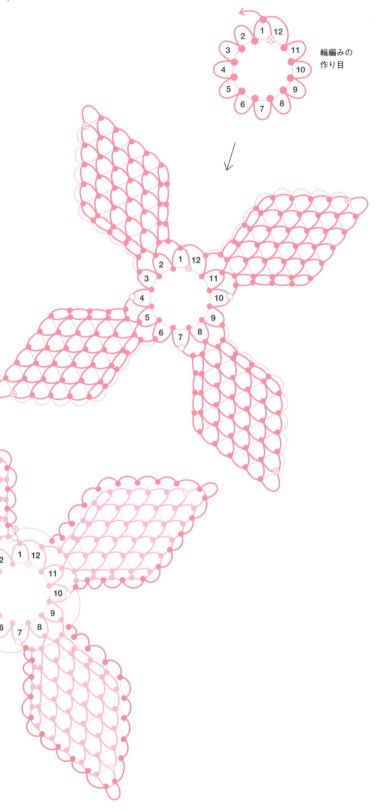

輪編みの作り目

花びらの間は糸を引いて詰める

〈モチーフのつなぎ方〉

縁編みの頂点の目同士をつなぐ。

a 側面でつなぐ

基本の花を1つ編む(右図・花①)。別の花(右図・花②)の縁編みをするときに、花①の縁編みの頂点の目に下から糸をくぐらせて編み進める。

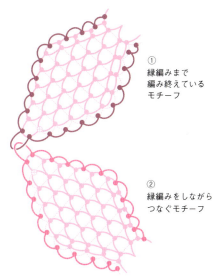

① 縁編まで編み終えているモチーフ

② 縁編みをしながらつなぐモチーフ

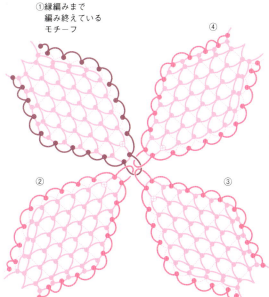

① 縁編まで編み終えているモチーフ

b 中央でつなぐ

aと同じ要領でつなぐ。ただし、左図・花①の先端の目に、花②、③、④の糸を下からくぐらせて編み進める。

【モチーフの寸法】
縦8.5cm、横8.5cm

【材料】
糸…25番刺繍糸(6本どり)

【編み方】
＊オヤ結び…すべて1回巻き

1 基本の花を4個編み、1個は縁編みもする(編み図の花①)。

2 花4個をつなぐ。つなぎ方図の花②～④は縁編みをしながら、外側の4箇所(つなぎ方図のa)と中央(つなぎ方図のb)をつなぐ。

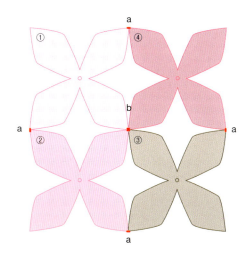

arrange ブックマーク&チャーム p.83

〈ブックマーク〉

【モチーフの寸法】 縦6cm、横3cm

【材料】
糸…30番レース糸(ラメ)
丸カン(3mm・4mm・5mm)…各1個
革ひも(太さ0.1cm)…10cm

【編み方】
＊オヤ結び…すべて1回巻き

1⃣ 基本の花を3個編み、1つは縁編みもする(編み図の花①)。

2⃣ 花3個をつなぐ。右図の花②、③は縁編みをしながら、外側の4箇所(P.97・つなぎ方図a)をつなぐ。

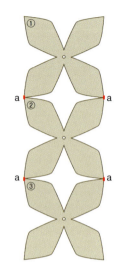
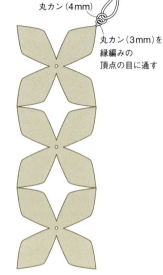

革ひも
丸カン(5mm)を通して、締める
丸カン(4mm)
丸カン(3mm)を縁編みの頂点の目に通す

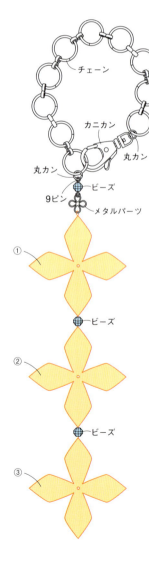

〈チャーム〉

【モチーフの寸法】 縦11.7cm、横3.5cm

【材料】
糸…ポリエステル中糸、メタルパーツ…1個、ビーズ(直径3mm)…3個
チェーン(幅9mm)…11.5cm、カニカン(幅8mm)…1個
丸カン(3mm)…2個、9ピン…1本

【編み方】
＊オヤ結び…編み始めと編み終わり、縁編みは2回巻き、ほかは1回巻き

1⃣ 基本の花を3個編む。

2⃣ 1⃣の3個を、反時計回りに縁編みをしながらつないでいく。編み図(P.99)の花①の花びら1枚めの頂点の目に、メタルパーツを通してオヤ結びをする。

3⃣ 続けて、花びらの左側へ編み進め、花びら3枚めの頂点にオヤ結びをしたらビーズを1個通す。

4⃣ 花②の花びら1枚めの頂点にオヤ結びをする。続けて、花びらの左側へ編み進め、花びら3枚めの頂点にオヤ結びをしたらビーズを1個通す。

5⃣ 花③の花びら1枚めの頂点にオヤ結びをする。続けて、花びらの左側→下側→右側、花②→花①の右側へ編み進める。隣の花に移るときは3⃣、4⃣のビーズに再度糸を通す。

6⃣ 編み終えたら、それぞれの糸端を切って始末する(P.19)。

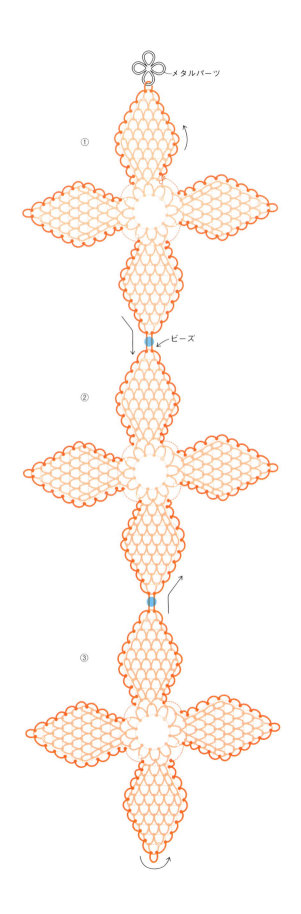

コード編みのネックレス&ピアス

シルバービーズを編み込んだネックレスを、ピアスとお揃いで。ベースは、しなやかなコード編みと交互のコード編み。ネックレスのビーズはあえてランダムに配し、品よくモード感を漂わせました。

how to make p.104

レースモチーフのブレスレット&ピアス

ラップブレスレットは、交互のコード編みとスカラップレースの組み合わせ。ピアスは、コード編みを放射状に編んでオーバル型に。ともにビーズを散りばめて、清楚な華やかさを。

how to make p.106

スカラップ編みのポーチ

手持ちのポーチを、スカラップ編みで自分らしく。やや長めのループを扇状に広げて、リズミカルにつなげます。輪に編む口と、一線に連ねる側面は作り目の目数が異なるので注意。

how to make p.110

A

B

ループをくり返し編む練習に。トップには、ビーズを編み込んでいます。

arrange

ピンクッション

輪に編む方法で、ピンクッションを飾りつけ。中央のモチーフはお好みで。

how to make p.111

コード編みのネックレス&ピアス　*p.100*

〈ネックレス〉

【オヤの寸法】
長さ56cm、幅0.2〜0.8cm

【材料】
糸…ポリエステル細糸、3カットビーズ…適宜（本作品は436個）
丸カン（4mm）…2個、カニカン（幅5mm）…1個、好みのメタルチャーム…1個
＊針…ビーズの穴に通る、細めの針を使用

【編み方】
＊オヤ結び…すべて2回巻き

ビーズの通し方

左右交互　　左右ランダム

パターンA
コード編みに編み込む
＊ビーズを編み込む位置は左右を交互に、または左右をランダムにする。

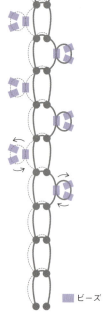
■ビーズ

右側にビーズを通す

1 コード編み（P.16）で数目編み、頂点の目の右端に糸を渡してオヤ結びをする。

2 糸にビーズを3個通して、1個めのビーズに糸をもう1度通して交差させる。

3 ①の目をすくって、左側にオヤ結びをする。

左側にビーズを通す

1 ここでは下段がコード編み、または下段の目の右側にビーズが編み込まれている状態から編む。下段の目の右側に糸を渡し、オヤ結びをして1目編む。

2 渡り糸にビーズを3個通して、1個めのビーズに糸をもう1度通して交差させる。①の目の右側にオヤ結びする。

ビーズの通し方

パターンB
交互のコード編みに編み込む

＊交互のコード編み（P.17）の1目に、ビーズを1個ずつ通しながら編む。

1 糸にビーズを1個通して、下段の目に針を入れる。目の頂点にオヤ結びをする。

2 糸にビーズを1個通して、1の目に針を入れる。目の頂点にオヤ結びをする。

3 1、2を交互にくり返して、編み進める。

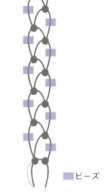

■ ビーズ

ネックレスを編む

＊編み途中に糸替えをするときはビーズなしの目で行い、作品が完成してから糸端を切って始末する（P.19）。ライターの火で、本体を溶かさないよう慎重に行う。

1 糸端を約25cm残して、コード編み（P.16）を約2.5cm編む。

2 ビーズの通し方のパターンA（P.104）、パターンB（上記）を適宜入れながら、約57cm編む。

3 編み終わる前の5～7cmは、パターンAでアジャスターになる部分を作る。ビーズを1～1.5cm間隔で、左右に編み込んでいく。

4 コード編みを約1.5cm編む。先端を約0.5cm折って丸カンを通し、オヤ結びをする。編み終わりの糸端は切って始末する（P.19）。

5 編み始めの先端も約0.5cm折って丸カンを通し、編み始めの糸端を使ってオヤ結びをする。糸端は切って始末する（P.19）。

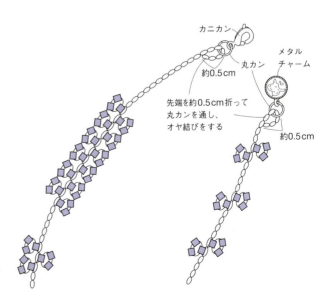

〈ピアス〉

【オヤの寸法】
縦2.2cm、横2cm

【材料】
糸…ポリエステル細糸、3カットビーズ…適宜（本作品は42個）、好みのカットビーズ（2種類）…各2個、9ピン…4本、ピアス金具…1組
＊針…ビーズを編み込む際は、ビーズの穴に通る細めの針を使用

【編み方】
＊オヤ結び…すべて2回巻き

❶ コード編み（P.16）で7目編み、頂点の目の右端に糸を渡してオヤ結びをする。

❷ 右側にビーズを3個通して、1個めのビーズに糸をもう1度通して交差させる。❶の目をすくって、左側にオヤ結びをする（P.104）。

❸ 続けて1目編む。

❹ ❷〜❸をくり返して7箇所にビーズを編み込む。編み進めると、自然に編み目がカーブする。

❺ コード編みで7目編む。編み始めと編み終わりの糸端は、切って始末する（P.19）。

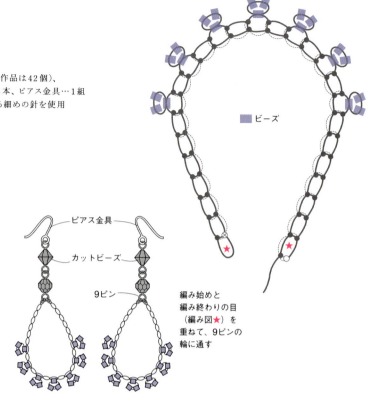

レースモチーフのブレスレット＆ピアス *p.101*

〈ブレスレット〉

【オヤの寸法】
長さ50cm、幅1cm

【材料】
糸…ポリエステル細糸
3カットビーズ…適宜（本作品は140個）
丸カン（4mm）…3個
カニカン（幅5mm）…1個
アジャスター金具…1本
メタルチャーム…1個
＊針…ビーズの穴に通る、細めの針を使用

【編み方】
＊オヤ結び…すべて2回巻き

1 中央部分を編む

❶ 糸端を約25cm残して、交互のコード編み（P.17）で4目編む。

❷ ビーズを1目に1個ずつ通して、2目編む。

❸ 続けて、ビーズを入れずに4目編む。

❹ ❷〜❸をくり返して、52cm編む。編み終わりの糸端は25cm残す。

＊長さは好みで調整する。でき上がりは中央部分で編んだ長さより、2〜3cm縮まる。

＊糸替えは、編み図の↓の位置（編み方向の左側で、ビーズ入りの目の中間）で行う。古い糸も新しい糸も糸端を約3cm残して切り、2で左側の側面を編むときに巻き込んで始末する（P.19）。
＊わかりやすいように、糸の色を変えています。

2 左右の側面にレース模様を編む

1 必ず、1の編み方向の左側面（糸替えの糸端が出ている側）から編む。ビーズ入りの目の、右隣の目にオヤ結びをする。ビーズ入りの目の、左隣の目に糸を渡してオヤ結びをする。

2 渡り糸の上、最初のオヤ結びの左隣に糸を渡してオヤ結びする。

3 1、2の渡り糸を2本揃えて、その上に5目編みつける。

4 1で糸を渡した目の、左隣の目にオヤ結びをする。

5 1～4をくり返して、中央部分にレース模様を編みつけていく。編み始めと編み終わりの糸端は、切って始末する（P.19）。同じ要領で、右側面にもレース模様を編む。

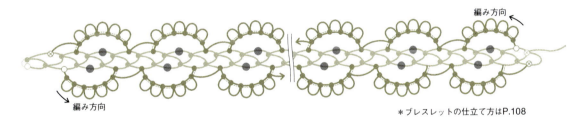

＊ブレスレットの仕立て方はP.108

糸替えした糸端の処理 ＊わかりやすいように、糸の色を変えています。

1 古い糸と新しい糸の糸端は、ビーズの右隣の目にオヤ結びをするときに巻き込んで一緒に編む。続けて、糸端を一緒に渡してオヤ結びをする。

＊左の写真は、わかりやすいように糸端を切った状態にしています。

2 2-2、3と同じ要領で、糸端を巻き込みながら編む。2-3を編み終えたら、糸端を外す。飛び出した糸端は全体が編み終わった後に、2-3の5目めの際で切る。

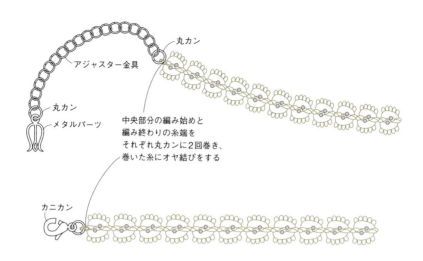

〈ピアス〉

【オヤの寸法】
縦3.8cm、横3.2cm

【材料】
糸…ポリエステル細糸
3カットビーズ…38個
チェコビーズ…2個
丸カン(4mm)…2個
9ピン…2本
ピアス金具…1組

【編み方】
＊オヤ結び…すべて2回巻き

1 レースモチーフを編む

① 糸端を約40cm残し(2でビーズ刺繍に使用)、輪編みの作り目で10目編む(P.15)。

② 編み図1の目にコード編み(P.16)で5目編む。

③ ビーズを1個通して1目編み、糸を右側に約0.3cm渡してオヤ結びをする。

④ 渡り糸をすくって、③の目の左隣にオヤ結びをする。ループを1目作り、頂点にオヤ結びをする。

⑤ ふんわりと糸を下ろして、④の目の左隣にオヤ結びをする。

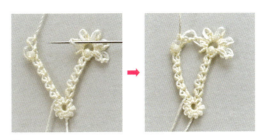

6 ③〜⑤を計5回くり返したら、オヤ結びの際で糸を切る。

7 編み図2〜10の目も、②〜⑥と同じ要領で編む。
＊コード編みは、作り目の1・2・5・6・7・10の目は5目、3・4・8・9の目は4目にする。
＊2〜9の目は編み図の★の目で、右隣の★に糸をすくってつなぎ、オヤ結びをする。
＊10の目は最後の★の目で、左隣の★の糸をすくってオヤ結びをする。

2 ビーズを刺繍する

1 編み方1の編み始めの糸をモチーフの表側に出して、糸をビーズ8個に2回通して輪にする。

2 編み方1の輪編みの作り目の上に①を乗せて、ビーズに通した糸で縫い留める。

3 ①の中央にビーズを1個刺繍する。裏側でオヤ結びをして、糸端を切って始末する（P.19）。

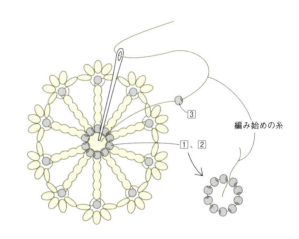

スカラップ編みのポーチ *p.102*

【オヤの寸法】 ＊1パターン
ポーチA…縦1cm、横1.8cm、ポーチB…縦0.7cm、横1.6cm

【材料】
ポーチA
糸…絹穴糸、布の巾着ポーチ、
丸小ビーズ…適宜、サテンリボン（0.5cm幅）…適宜
ポーチB
糸…ポリエステル中糸、丸小ビーズ…適宜、
布の巾着ポーチ、ひも（0.2cm幅）…適宜

【布小物に編みつける作り目の概算法】
＊ここでは、ポーチBで説明しています

【編み方】
＊オヤ結び…編み始めと編み終わりは2回巻き、ほかは1回巻き

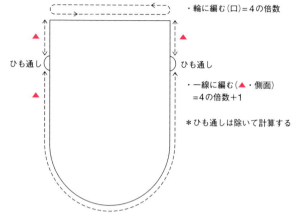

輪に編む（ポーチA・Bの口）

1 1段めは、「4の倍数」で作り目を編む。1目の幅は0.3cmにする。

2 2段めを続けて編む。**1**の一目めにオヤ結びをして、編み図の★印の目に長さ0.4cmのループを6目編む。＊段の途中で糸替えする場合は、P.9-Bを参照。

3 編み図の★印の目から、2つ左の目にオヤ結びをする。

4 **2**、**3**をくり返しながら編む。

5 3段めも続けて編む。ビーズを通しながら編み、編み終わりは最初の渡り糸にオヤ結びをする。糸端は切って始末する（P.19）。

一線に編む（ポーチBの側面）

1 1段めは「4の倍数＋1」の作り目を、1目0.3cm幅で編む。

2 2段めは糸を替える。**1**の1目めにオヤ結びをして、編み図の★印の目に長さ0.4cmのループを6目編む。

3 編み図の★印の目から、2つ左の目にオヤ結びをする。

4 **2**、**3**をくり返しながら編む。

5 3段めも糸を替えて、ビーズを通しながら編む。各段の編み終わりは、[編み終わり]の編み図（P.111）を参照。

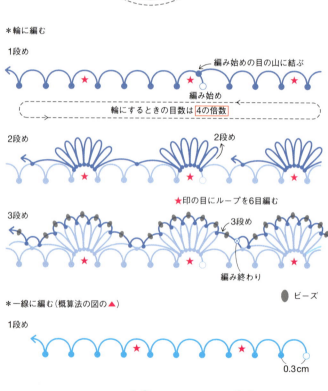

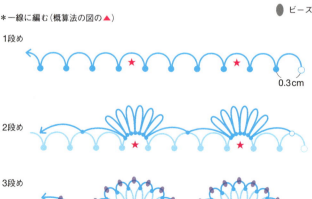

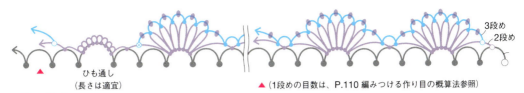

[一線に編む場合の編み終わり]

ひも通しを作る場合

1️⃣ 1段めは、「4の倍数+1」で作り目を編む。編み図の▲(一線に編む)の間に、ひも通しの目(長さは適宜)を作りながら編む。

2️⃣ 2段めは糸を替える。ひも通しの目の上に、オヤ結びを適宜入れて編む。

3️⃣ 3段めは、ビーズを通しながら編む。ただし、ひも通しの手前で一旦糸を切り、ひも通しの左側から改めて編み進める。

ピンクッション *p.103*

【オヤの寸法】 ＊1パターン
縦0.6cm、横1.2cm

【材料】
糸:ポリエステル中糸、丸小ビーズ…適宜、ドーム型ピンクッション

【編み方】
＊オヤ結び…編み始めと編み終わりは2回巻き、ほかは1回巻き

輪に編む(P.110)

1️⃣ 1段めは、「4の倍数」で作り目を編む。1目の幅は0.3cmにする。

2️⃣ 2段めを続けて編む。①の1目めにオヤ結びをして、編み図の★印の目に長さ0.4cmのループを5目編む。
＊段の途中で糸替えする場合は、P.9-Bを参照。

3️⃣ 編み図の★印の目から、2つ左の目にオヤ結びをする。

4️⃣ ②、③をくり返しながら編む。

5️⃣ 3段めも続けて編む。ビーズを通しながら編み、編み終わりは最初の渡り糸にオヤ結びをする。糸端は切って始末する(P.19)。

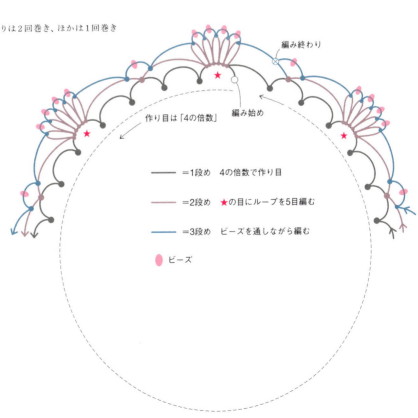

平尾直美（ひらお・なおみ）

2008年頃より、独学でイーネオヤを編み始める。『トルコのちいさなレース編み オヤ』（野中幾美編 小社）にて、オヤ作品の制作と作り方解説を担当。全国各地でオヤのワークショップやイベントを開催。
http://rosetteoya.blog.fc2.com/

編集
高井法子

撮影
村尾香織
平尾直美（P.24、74）

ブックデザイン
阿部智佳子

トレース
小池百合穂
ウエイド 手芸制作部

プリンティングディレクター
栗原哲朗（図書印刷）

協力
野中幾美

越前屋
電話 03-3271-4474
http://www.echizen-ya.co.jp/

クロバー（お客様係）
電話 06-6978-2277
http://www.clover.co.jp

ビギナーから安心のわかりやすい解説つき
トルコ伝統のレース編み・
イーネオヤでつくる
ちいさな雑貨とアクセサリー

NDC594

2016年1月23日　発　行

著　者　　平尾直美

発行者　　小川雄一

発行所　　株式会社 誠文堂新光社
　　　　　〒113-0033　東京都文京区本郷3-3-11
　　　　　（編集）電話03-5800-3614
　　　　　（販売）電話03-5800-5780
　　　　　http://www.seibundo-shinkosha.net/

印刷・製本　図書印刷 株式会社

©2016, Naomi Hirao.　　　　　　　　　　Printed in Japan
検印省略
禁・無断転載

落丁・乱丁本はお取り替え致します。

本書のコピー、スキャン、デジタル化等の無断複製は、著作権法上での例外を除き、禁じられています。本書を代行業者等の第三者に依頼してスキャンやデジタル化することは、たとえ個人や家庭内での利用であっても著作権法上認められません。

Ⓡ〈日本複製権センター委託出版物〉本書を無断で複写複製（コピー）することは、著作権法上での例外を除き、禁じられています。本書をコピーされる場合は、事前に日本複製権センター（JRRC）の許諾を受けてください。
JRRC〈http://www.jrrc.or.jp〉　E-mail: jrrc_info@jrrc.or.jp　電話03-3401-2382〉

ISBN978-4-416-51600-3